Sabine Seyffert

Heute Regen, morgen Sonne

In neuer Rechtschreibung

4. Auflage 2004

Einband und Illustrationen: Friederike Spengler
Gesamtherstellung: Westermann Druck Zwickau GmbH
ISBN 3-401-07676-0

Sabine Seyffert

Heute Regen, morgen Sonne

Entspannungsgeschichten für Kinder

Mit Illustrationen von
Friederike Spengler

Inhalt

Vorwort

Liebe Leserinnen und liebe Leser,
Gefühle sind wie Sonnenschein und Regenschauer. Wie das Wetter, das sich ständig ändert, gehören sie einfach zum Leben dazu.
Wer eigene Kinder hat oder beruflich mit ihnen arbeitet, weiß, wie bedeutsam dieses Thema gerade für die Kinder ist: Wo eben noch ein strahlendes Lachen war, kann im Handumdrehen ein herzzerreißendes Weinen oder gar wütendes Gezeter sein. Ebenso kann aus bitterer Wut im Nu heitere Freude werden!
Die Entspannungsgeschichten in diesem Buch handeln eben von diesem Wechselbad der Gefühle. Sie möchten den Kindern Mut machen, offen über ihre Gefühle zu reden und darüber nachzudenken. Und sie möchten Lösungen aufzeigen, wie sich unangenehme Gefühle besser verarbeiten lassen.
Dadurch, dass die Kinder sich einmal am Tag richtig Zeit nehmen, es sich in aller Ruhe bequem machen und den Geschichten mit geschlossenen Augen ganz aufmerksam lauschen, ist es ihnen möglich, tief in sich zu gehen. Durch die Bilder, die dabei vor ihrem inneren Auge entstehen, gewinnen sie andere, neue Sichtweisen. Und vieles ist in einem anderen Licht betrachtet plötzlich klarer und gar nicht mehr so schlimm, wie es im ersten Moment erschien.
Zudem lassen diese Geschichten ausreichend Raum für eigene Vorstellungen, regen die Phantasie und Kreativität an und zeigen dem Kind auf

erzählerische Weise die ein oder andere Lösungsmöglichkeit für sein Problem.

Und zu guter Letzt schöpfen die Kinder aus diesen Geschichten neue Kräfte für den Alltag, weil sie sich ganz gezielt dabei entspannen. Je regelmäßiger sie diese Entspannungsgeschichten erleben dürfen, desto schneller und besser wird es ihnen von Mal zu Mal gelingen, loszulassen, dem hektischen Alltag für eine Weile zu entfliehen und sich ausgiebig zu erholen. Das tut nicht nur dem Körper, sondern auch der Seele gut!

Noch ein kleiner Hinweis: Dieses Buch ist kein Allheilmittel gegen Kummer, Sorgen, Ängste oder die Wut! Die Geschichten, die Sie hierin finden, sollen in keinem Fall eine Flucht vor ganz konkreten Auseinandersetzungen mit Gefühlen sein. Vielmehr sollen sie Ihnen und den Kindern Anregungen bieten, wie man Gefühle erforschen und aufarbeiten kann. Mehr dazu finden Sie im Anhang dieses Buches. Es ist hilfreich, sich mit diesen Informationen im Vorfeld vertraut zu machen.

Ich würde mich freuen, wenn Sie die Entspannungsgeschichten einfach zum Anlass nehmen würden, häufiger mit Ihrem Kind über Gefühle zu sprechen.

Auf diesem Weg wünsche ich allen kleinen und großen Leuten schöne Phantasiereisen mit meinen Geschichten und natürlich viel Erfolg!

Ihre

Sabine Seyffert
Wuppertal, im Juli 1999

Ein Wort an die Kinder

Was bedeutet Entspannung?

Sicherlich habt ihr den Begriff »Entspannung« schon oft gehört. Doch *was* ist Entspannung denn eigentlich? Wofür braucht man die? Und vor allen Dingen, *wie* entspannt man sich?

Nun, das ist gar nicht so schwierig. Ich kann euch das ganz einfach erklären: Wenn man in den Kindergarten oder in die Schule geht, wie ihr es tut, lernt man ständig neue Sachen dazu. Und man erlebt jeden Tag eine ganze Menge. Da gibt es schöne und lustige Erlebnisse, aber auch Dinge, die überhaupt keinen Spaß machen. Ihr müsst euch im Kindergarten und der Schule an bestimmte Regeln halten, habt einen Stundenplan oder einen festen Tagesablauf und könnt nicht immer nur das tun, was ihr gerne wollt.

Das alles strengt auf Dauer ganz schön an. Deshalb ist es wichtig, dass Ihr euch ausreichend entspannt, das heißt, euch ausruht, um neue Kraft zu sammeln.

Das ist etwa so wie mit einem Auto. Ein Auto kann auch nicht ständig mit Vollgas auf der Autobahn dahersausen. Es muss zwischendurch tanken. Denn ohne Benzin kann es nicht fahren!

So ist es auch mit euch. Wenn ihr keine regelmäßigen Pausen macht und Kraft tankt, werdet ihr auch nicht mehr so schnell herumflitzen können. Das heißt, ihr könnt euch nicht gut konzentrieren und werdet schusselig und langsam.

Kraft könnt ihr also mit diesen Geschichten tanken, so, wie das Auto Benzin. Die Geschichten in diesem Buch sind ein bisschen anders als die, die ihr schon kennt. Wichtig dabei ist, dass ihr euch genug Zeit nehmt und Lust habt, etwas Neues auszuprobieren. Keine Angst, es ist gar nicht schwer!

Die Geschichten funktionieren nur, wenn ihr es euch ganz gemütlich macht. Beispielsweise könnt ihr euch dazu auf eine schöne Decke legen, die ihr am Boden ausbreitet. Oder ihr baut euch ein kuscheliges Nest aus vielen Kissen. Probiert einmal aus, wie ihr euch am wohlsten fühlt.

Vielleicht habt ihr Lust das Zimmer etwas abzudunkeln. Schönes, gemütliches Licht bekommt ihr zum Beispiel, wenn ihr ein buntes Tuch vor dem Fenster befestigt. So ist es weder zu hell noch zu dunkel und genau richtig, um sich zu entspannen!

Wie wäre es, wenn ihr euch in sicherem Abstand (!) eine Kerze anzündet, eine Lichterkette anknipst oder eine Duftlampe aufstellt, die ihr zuvor mit einem gut riechenden ätherischen Öl beträufelt habt?

Und dann sorgt ihr für absolute Ruhe. Sagt allen anderen in der Familie Bescheid, dass ihr für eine Viertelstunde auf keinen Fall gestört werden wollt.

Zur Sicherheit hängt lieber noch ein Schild an eure Zimmertür, auf dem steht:

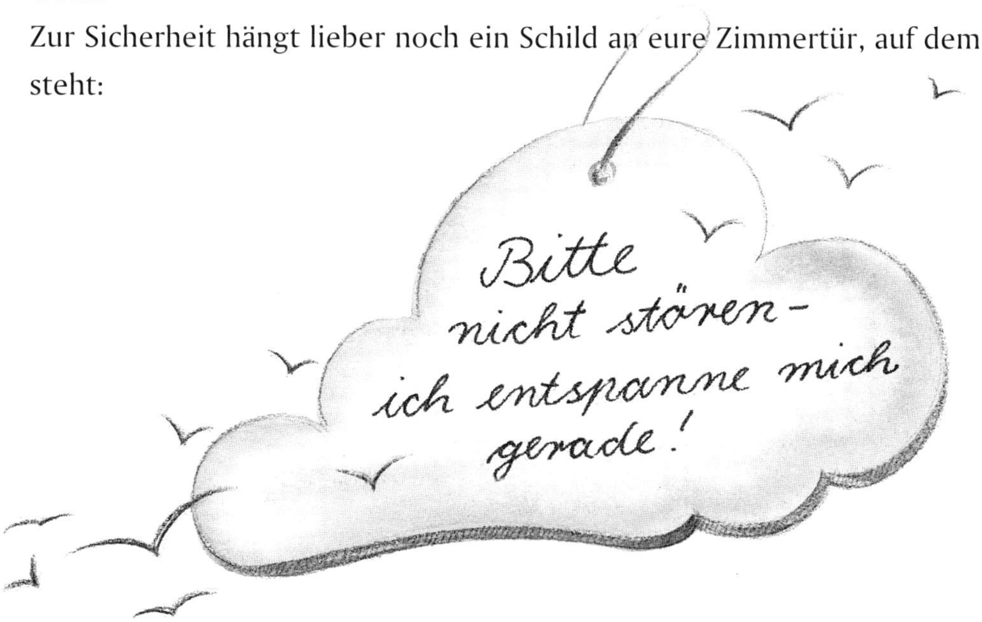

Entspannung – wie geht das?

- Lege dich der Länge nach hin. Den Kopf kannst du, wenn du magst, auf ein kleines Kissen legen. Deine Arme liegen parallel zu deinem Körper und die Hände sind offen, sodass deine Handinnenflächen zum Boden zeigen und auch Kontakt zum Boden haben. Deine Fußspitzen fallen leicht auseinander. Das passiert ganz von allein, wenn du dich so hinlegst. Jetzt muss du nur noch deine Augen schließen . . .

- Wenn es dir lieber ist, kannst du dich natürlich auch bequem hinsetzen. Dazu nimmst du dir am besten einen Stuhl, dessen Lehne sich nach hinten herunterklappen lässt. Dann setzt du dich und lehnst dich gemütlich an. Deine Hände legst du dann auf deine Oberschenkel, sodass deine Handflächen nach unten zeigen.
  Deine Füße sollten guten Kontakt zum Boden haben. Falls der Stuhl zu hoch sein sollte, lege einfach ein Kissen vor dich, auf das du deine Beine stellen kannst!

- Bevor du gespannt der Geschichte zuhörst, solltest du eine Minute lang ruhig sein und tief in dich hineinhorchen, ob du auch wirklich ganz bequem liegst oder sitzt und du dich wohl fühlst . . . Spüre deinen Körper, wie er ganz ruhig und entspannt ist . . . Und dann lausche der Geschichte . . .

Jede Geschichte, der du nun zuhörst und die du miterlebst, musst du durch ein kleines Ritual beenden. Denn dein Körper hat sich währenddessen gut entspannen können. Nun musst du ihm zeigen, dass diese Entspannungsphase beendet ist und du ausreichend neue Kräfte gesammelt hast:

- Atme einige Male ganz tief ein und aus. Dann öffne deine Augen. Balle deine Hände ein paar Mal zu festen Fäusten. Beweg deine Füße hin und her. Gähne einmal herzhaft. Recke und strecke dich, bis du dich wieder völlig wach und frisch fühlst.

Im Anschluss an die Geschichte gehen dir vielleicht noch einige Dinge durch den Kopf, die du beim Zuhören erlebt hast. Rede mit deinen Eltern oder der Person, die dir diese Geschichte vorgelesen hat, darüber. Wenn es dir lieber ist, kannst du auch ein Bild dazu malen oder deine Gefühle und Gedanken in ein Tagebuch schreiben.

Hier noch einmal eine kleine Checkliste:

- Sich Zeit nehmen
- Es sich gemütlich machen
- Schild: Bitte nicht stören!
- Übungshaltung im Liegen (oder Sitzen) einnehmen
- In sich hineinhorchen, ob man sich wohl fühlt und richtig liegt
- Der Geschichte zuhören
- Die Geschichte durch tiefes Ein- und Ausatmen etc. beenden
- Über die Erlebnisse reden, ein Bild dazu malen oder sie aufschreiben.

Wenn ich Wut hab, tobe ich!

Zu Gefühlen zählen nicht nur die guten, sondern auch die schlechten. Und gerade die »blöden« Gefühle werden am häufigsten thematisiert. Nicht selten werden die Kinder ermahnt, sie sollen nicht schreien, keine anderen Kinder schlagen oder etwas nicht kaputtmachen. Aber genau dies sind oft die Auswirkungen von Wut, Ärger und Zorn. Viele Kinder kennen oft keine andere Möglichkeit, diese Empfindungen zum Ausdruck zu bringen.

Ich möchte Ihnen aus diesem Grund Entspannungsgeschichten vorstellen, die den Kindern die Möglichkeit geben, einmal in aller Ruhe diese ungeliebten Gefühle nachzuempfinden, sie sich bildlich vorzustellen und über sie zu reden. Denn so verhelfen die Geschichten den Kindern Lösungen zu finden und eigenständig andere Ausdrucksmöglichkeiten für ihre Wut zu suchen.

Natürlich kann man Wut nicht einfach »herausatmen«, wie beispielsweise in der Entspannungsgeschichte »Raus mit der Wut« auf Seite 28. Aber allein durch die Hinwendung zu diesem Gefühl, der Benennung, Nachempfindung und der Reflexion ist die Wut mit einem Mal gar nicht mehr so gewaltig, so unberechenbar oder gar erschlagend! Probieren auch Sie es ruhig mal aus. Sie werden erstaunt sein, was zehn Minuten Ruhe und eine solche Entspannungsgeschichte bewirken können!

Wenn's stürmt und kracht...

Es ist Nachmittag und du hast ziemlich schlechte Laune. Schon heute Morgen ging aber auch wirklich alles schief. Inzwischen hast du eine riesige Wut im Bauch, die einfach nicht mehr weggeht. Richtig elend fühlst du dich dabei. Die Wut tobt in dir und du weißt gar nicht, wie du sie wieder loswerden sollst.
Zu guter Letzt steckt Mama noch den Kopf durch die Tür und schimpft, weil du deine Sachen einfach im Flur auf dem Boden hast liegen lassen. So ein verflixter Tag aber auch . . .

Und so sitzt du nun ganz alleine in deinem Zimmer und schaust aus dem Fenster. Du beobachtest, wie sich der Himmel immer mehr zusammenzieht, bis schließlich nur noch dunkle, graue Regenwolken zu sehen sind . . .
Ein Wind kommt auf, der immer stärker wird. Du kannst hören, wie er durch die Straßen und in die Baumkronen fegt . . .
Am Himmel zuckt der erste Blitz, hell und riesengroß . . .
Bald darauf vernimmst du ein lautes Donnern. Das kracht vielleicht! Und da zuckt auch schon der nächste Blitz durch die dunklen Wolken hindurch, dann donnert es wieder laut und gewaltig . . . Das Gewitter kommt immer näher. Auf jeden Blitz folgt ein lautes Grollen. Dabei spürst du deine Wut im Bauch – groß und kräftig . . .
Dann fängt es an zu tröpfeln. Immer mehr Regentropfen fallen auf die Erde und laufen an deiner Fensterscheibe hinunter . . .

Der Regen wird mehr und mehr, bis die Tropfen schließlich nur so herunterprasseln. Auf der Straße kannst du schon einen kleinen Bach aus Regenwasser erkennen, der auf den nächsten Kanaldeckel zufließt. Immer größer und schneller wird der kleine Bach . . .

Alles wäscht der Regen mit sich fort. Sogar das Gewitter – das Donnern, die Blitze – scheint wie weggespült. Nun ist plötzlich außer dem Rauschen des Regens nichts mehr zu hören. Und es dauert nicht lange, da wird auch der Regen weniger. Nur vereinzelte Tropfen fallen noch vom Himmel . . .

Nur kurze Zeit später sind auch all die dunklen Regenwolken verschwunden. Der Himmel ist wieder strahlend blau und keine Wolke ist mehr zu sehen. Du siehst die Sonne, die wie eine große goldene Kugel am Horizont leuchtet. Du spürst ihre warmen Strahlen, die zu dir ins Zimmer hineinfallen und fühlst dich prima. Deine Wut im Bauch ist verschwunden: Weg, futsch, einfach nicht mehr da! Vielleicht war deine Wut ein heftiges Gewitter, das allmählich am Himmel aufzog und dich überrollt hat. Und wie draußen auch Unwetter wieder verschwunden ist und schließlich die Sonne scheint, so ist auch deine Wut verschwunden und deine gute Laune ist wieder zum Vorschein gekommen.

Jetzt bist du ganz ruhig und entspannt . . . Dein Kopf ist vollkommen frei und klar . . . In deinen Körper strömt neue Kraft und ganz viel gute Laune . . .

Fröhlich pfeifend gehst du aus dem Zimmer, um Mama zu suchen, dich umarmen zu lassen und ihr von dem Gewitter zu erzählen. Du fühlst dich jetzt so gut, als würde die warme Sonne in dir scheinen und dich von innen mit ihren Strahlen kitzeln.

Lass uns darüber reden

- Wie ist es dir bei dem Unwetter ergangen? Warst du erleichtert, als es vorbei war und die Sonne wieder schien, oder hast du das Donnern genossen?
- Meinst du, du schaffst es, dir bei deinem nächsten Wutausbruch vorzustellen, dass deine Wut im Bauch ein kleines Gewitter ist, das früher oder später weiterzieht? Würde dir das helfen, besser mit deiner Wut fertig zu werden?
- Hast du Lust ein Bild zu malen, auf dem du deine Wut als Gewitter darstellst?

Wüten, Toben, Schreien

Du bist richtig wütend . . . Du bist so wütend, dass es in dir brodelt und kocht . . . Es fehlt nicht mehr viel und das Fass läuft über . . .
Und das Schreckliche ist, du weißt gar nicht, wie du die Wut und all den Ärger wieder loswerden sollst. Egal was du auch tust, das Gefühl bleibt einfach da, ganz hartnäckig . . .

Jetzt denk dir mal, dass um dich herum ein riesiger Berg von Kissen liegt. Da liegen kleine Kissen, große Kissen, runde Kissen, Kissen mit lustigen, bunten Bezügen und auch ein Kissen, das aussieht wie ein rotes Herz . . . Und du stehst mittendrin. . .

In diesem Berg von lauter Kissen taucht plötzlich deine Wut auf. Du kannst sie ganz genau sehen. Es gibt gar keinen Zweifel, diese Figur ist deine Wut! Sie erscheint dir groß und mächtig. Sie funkelt dich gefährlich an und wütet auch sofort aus Leibeskräften los . . .
Zuerst weißt du nicht, was du machen sollst, doch dann hebst du schnell ein Kissen vom Boden auf und wirfst es mit großer Wucht deiner Wut entgegen. Doch leider triffst du daneben. Die Wut tänzelt vor Freude umher und zeigt dir ganz schadenfroh eine lange Nase . . .
Jetzt werd ich es dir zeigen, denkst du und hebst schnell ein riesiges, schweres Kissen auf und wirfst es mit deiner ganzen Kraft der Wut entgegen. Ja, Treffer! Schnell das nächste Kissen: Wupp – wieder getroffen! Flink hebst du noch ein neues Kissen auf und schleuderst es voller Wucht deiner Wut entgegen. Langsam kommt deine Wut ganz schön ins Schwitzen! So mächtig und groß wie am Anfang wirkt sie eigentlich gar nicht mehr. Doch ohne lange darüber nachzudenken, hältst du deine Wut weiter in Schach . . .

Immer mehr und mehr Kissen lässt du deiner Wut regelrecht um die Ohren fliegen . . . Du wirfst sehr geschickt und bist schnell wie ein Blitz! Noch ein Kissen . . . Noch eins . . . Na, los, gleich krieg ich dich, denkst du und schmeißt wieder ein Kissen, das deine Wut mitten auf die Nase trifft . . . Schnell noch ein rotes Kissen hinterher . . . Da, das blaue Kissen fliegt bestimmt auch hervorragend . . . Klasse, wieder ein Treffer . . .

Du bemerkst, wie deiner Wut die Puste ausgeht . . . Jetzt bewegt sie sich nur noch so langsam wie eine kleine Schnecke und kann deinen Geschossen, die da angeflogen kommen, nicht mehr ausweichen, so erschöpft ist sie . . . Schließlich kippt die Wut einfach um und plumpst auf ein kleines Kissen . . . Wie mickrig und klein sie nun aussieht. Ja, richtig lächerlich wirkt die Wut nun auf dich!

Du atmest erleichtert auf. Du hast gewonnen! Wirklich Klasse! Du fühlst dich erleichtert und glücklich. Aber auch ein bisschen erschöpft. Deshalb baust du dir ein weiches Bett aus den Kissen, holst dir eine Decke und machst es dir gemütlich . . .

Ganz ruhig und entspannt liegst du in deinem kuscheligen Bett aus Kissen . . . Du spürst eine angenehme Schwere in dir . . . Die Decke und die vielen Kissen halten dich warm und geborgen . . . Du fühlst dich rundherum wohl . . .
Wenn du an die besiegte Wut denkst, musst du lachen. Das mach ich jetzt immer so, nimmst du dir vor.
Während du ganz ruhig daliegst und dich entspannst, sammelst du neue Kraft, bis du dich schließlich wieder topfit fühlst . . .

Lass uns darüber reden

- Wie sah deine Wut aus? Kannst du sie beschreiben?
- Dauerte es lange, bis deine Wut besiegt war?
- Hat dir die Kissenschlacht Spaß gemacht?
- Wie hast du den Sieg über deine Wut empfunden?
- Hast du dich in dem Bett aus Kissen genug erholen können?

Klein, wie ein Zwerg

Wenn du nun deine Augen schließt, versuche einen Moment lang deinen Atem zu spüren. Dein Atem fließt durch dich hindurch, ruhig und regelmäßig . . .

Stell dir jetzt einmal vor, du siehst all deine Wut, die in dir steckt und wütet . . . Lass diese Wut ganz riesig groß sein. Vielleicht so groß wie ein Riese. Und dieser Riese ist wütend, furchtbar wütend. In seinem Riesenbauch grummelt und tobt es. Er weiß vor lauter Wut weder ein noch aus. Schau ihn dir gut an, den wütenden Riesen . . . Schau, wie böse er guckt . . . Und wie er wütend aufstampft . . . Und höre, wie laut er vor sich hin schimpft . . .

Nun spüre, wie viel Kraft du hast. Du bist stark genug, um den wütenden Riesen mit Hilfe deiner Gedanken schrumpfen zu lassen, sodass er immer kleiner und kleiner wird . . .

Stück für Stück verliert der Riese an Größe und, was am allerwichtigsten ist, auch an Wut . . .

Nun ist der Riese nur noch so groß wie ein Haus . . . So groß wie ein Bus . . . Doch der Riese wird immer noch kleiner. So klein, bis er gar kein Riese mehr ist, sondern ein Zwerg. Ein klitzekleiner Zwerg, den man mit dem bloßen Auge kaum mehr erkennen kann . . .
Und von der Wut ist auch kaum noch etwas übrig.
Der Zwerg fühlt sich gut . . . Er guckt auch gar nicht mehr böse, sondern richtig freundlich . . . Und er schimpft nicht mehr, sondern pfeift vergnügt vor sich hin . . .

Horch nun noch einmal tief in dich. Wie geht es deiner Wut? Wenn Sie noch da ist, lass sie ruhig noch weiter schrumpfen, bis sie so klein ist, dass sie dich nicht mehr stört und dir schlechte Gefühle macht . . .

Jetzt spüre deinen Körper noch einmal ganz bewusst: Du bist ganz ruhig und entspannt . . . Du bemerkst eine angenehme, wohltuende Schwere in dir . . . Außerdem fühlst du dich ganz warm und wohlig . . . Während du so daliegst, sammelst du neue Kraft und Energie für den Rest des Tages. Lass dir ruhig Zeit dabei . . .

Lass uns darüber reden

- Wie sah die Wut aus, als sie groß wie ein Riese war?
- Ging es dir besser, je mehr die Wut geschrumpft ist?
- Spürst du noch ein kleines bisschen Wut in dir?
- Wie fühlst du dich, wenn du Wut hast? Was würdest du dir in einer solchen Situation wünschen?

Hörst du die Trommel?

Stell dir mal vor, du liegst auf deinem Bett im Kinderzimmer und spürst ein mächtiges Grummeln in deinem Bauch. Ein Wutgrummeln. Es pikst und zwickt dich und macht dir ganz unangenehme Gefühle. Doch du hast überhaupt keine Ahnung, wie du diese Wut wieder loswerden sollst . . .

Mit einem Mal fällt dir die Trommel ins Auge, die du zu deinem Geburtstag bekommen hast. Du hast plötzlich schreckliche Lust, darauf zu spielen. Du schnappst dir die Schlagstöcke und trommelst drauflos, was das Zeug hält . . . Das Trommeln dröhnt in deinen Ohren und macht riesigen lauten Krach. Das tut gut . . . Es hört sich fast an, als sei die Wut in deinem Bauch zu Musik geworden. Du trommelst und trommelst und trommelst – bis du nicht mehr kannst. Erschöpft hältst du inne.

Da schwebt plötzlich die kleine Gitarre aus deinem Regal zu der Trommel hinüber und beginnt zu spielen. Die Gitarre spielt eine freundlichere Melodie, die richtig gut tut nach dem harten, lauten Trommelrhythmus.

Und wie du dem Spiel lauschst, kommt auch noch die Blockflöte hinzu. Sie spielt eine zarte, helle Melodie. Es hört sich ganz sanft an.

Du schließt deine Augen und lauschst der Musik . . . Die Trommelstöcke hast du aus der Hand gelegt . . . Plötzlich vernimmst du den Klang des Glockenspiels, das sich anhört wie die Musik aus einem zauberhaften Märchen. Es scheint so, als würde dich die Musik auf wunderbare Art und Weise verzaubern . . .

Und so liegst du auf deinem Bett und bist ganz ruhig und entspannt . . . In deinem Körper spürst du mit einem Mal eine sehr angenehme Schwere, die dich noch tiefer entspannen lässt . . . Der zauberhafte Klang der Musik hört sich an wie die hellen Strahlen der Sonne. Du stellst dir vor, die Sonne würde direkt über deinem Bett scheinen und ihre warmen Strahlen zu dir hinunterschicken. Spüre die wohltuende Wärme, wie sie durch deinen Körper strömt . . . Das tut vielleicht gut!

Während du so daliegst, bemerkst du auf einmal, dass das grässliche Grummeln aus deinem Bauch verschwunden ist. Es scheint so, als hätten die Musik und das Spiel deiner Instrumente dir dabei geholfen, das ungute Gefühl loszuwerden. Du lächelst deinen Instrumenten liebevoll und anerkennend zu. Das nächste Mal, wenn es dir wieder schlecht geht, wirst du es wieder mit Musik probieren – ganz bestimmt!

Lass uns darüber reden

- Hat dir das Trommeln gut getan?
- Was ist dein Lieblingsinstrument? Warum?

Der Wüterich aus Knete

Du bist wütend. In dir tobt eine Riesenwut. Jemand hat dich furchtbar geärgert ...
Sauer rennst du aus dem Zimmer. Da siehst du mit einem Mal im Nebenraum einen kleinen Tisch mit einem Stuhl. Auf dem Tisch liegt etwas. Du wirst neugierig und gehst hin, um dieses Etwas genauer zu betrachten. Es ist ein großer Klumpen Knetmasse. Er ist weich und geschmeidig. Schau dir die Knete an, welche Farbe hat sie ...

Nun spüre in dich hinein und betrachte deine Wut und deinen Ärger. Kannst du sie sehen? Schau sie dir ganz genau an ...

Du nimmst nun die Knete in deine Hände. Feste drückst du sie, lässt sie zwischen deinen Fingern herausquetschen. Du walkst den Klumpen richtig durch, wie ein Stück Plätzchenteig. Du schmeißt ihn gegen die Wand. Fest und dann noch einmal fester. Du tobst dich an der Knete richtig aus ...

Bis du schließlich außer Atem den Kneteklumpen auf den Tisch schleuderst und du selbst auf den Stuhl sinkst ...

Plötzlich bewegt sich die Knetmasse, rappelt sich auf, streckt und dehnt sich und auf einmal stehen zwei kleine Männchen aus Knete vor dir ...
Ehe du dich versiehst, beginnt das eine kleine Männchen das andere zu beschimpfen. Der andere kleine Kerl lässt sich das natürlich nicht gefallen und schimpft aus Leibeskräften zurück. Die Schimpfwörter werden schlimmer und lauter, bis letztendlich die beiden Wüteriche aufeinander losstürmen. Die zwei Kerlchen rangeln und raufen um die Wette, so wütend sind sie ...

Ab und zu fliegen dir kleine Knetklümpchen um die Ohren . . .
Nach einer langen Prügelei sind die beiden so erschöpft, dass sie auf den Tisch niedersinken und kein Wort mehr von sich geben . . .

Du beginnst ganz laut zu lachen. Denn die beiden wütenden Knetmännchen sahen wirklich zu komisch aus, als sie so wütend waren und sich gegenseitig beschimpft haben! Komisch, denkst du, gerade war ich selber noch so wütend. Ob das auch so lustig ausgesehen hat?

Du nimmt die Knete wieder in die Hände und rollst sie zu einer großen Kugel. Daraus formst du ein riesiges Gesicht, das dich freundlich und zufrieden anlächelt . . .

Lass uns darüber reden

- Tat es gut, deine Gefühle an der Knete auszulassen?
- Wie sahen die beiden Wutmännchen aus?
- Würdest du die Geschichte gerne noch einmal hören, wenn du wieder sehr wütend oder zornig bist?
- Hast du Lust, im Anschluss an diese Geschichte die beiden Wutmännchen noch einmal mit richtiger Knete zu formen?

Der Boxkampf

Stell dir einmal vor, du wärst ein Boxer. Du bist stark und hast viel Kraft. Du trainierst hart und an deinen Armen kann jeder deine vielen Muskeln bewundern.
Heute jedoch hast du Wut, viel Wut und Ärger in deinem Bauch. Du könntest rasen vor Wut.
Deshalb kommt es dir heute sehr gelegen, dass ein anderer Boxer dich zum Kampf herausgefordert hat. Dein Gegner ist stark, sehr stark. Aber das macht dir keine Angst. Du bereitest dich in aller Ruhe vor, um Kraft für den Kampf deines Lebens zu sammeln . . .
Dein Trainer spricht dir Mut zu und klopft dir auf die Schulter. Du hörst das Publikum applaudieren.

Dann betrittst du den Boxring. Die Wut in dir kocht immer noch. Und sie wird noch größer, als du deinen Gegner siehst . . .

Jetzt beginnt der Kampf. Gezielt boxt du los. Es kostet dich viel Kraft. Aber mit jedem Hieb, den du austeilst, verlierst du einen Teil deiner Wut. Deine roten Boxhandschuhe wirbeln nur so. Und so kämpfst du unerbittlich. Du boxt wie ein richtiger Profi. Das Publikum schaut atemlos. Keiner kann dich aufhalten . . . Du boxt fair, aber hart.

Während des Kampfes fühlst du dich nach jedem Schlag besser. Denn mit jedem Schlag verlierst du etwas Wut. Deine Wut wird immer weniger. Noch ein paar gezielte Hiebe, dann ist die Wut fast besiegt. Du konzentrierst dich und holst mit aller Kraft aus . . . Noch mal . . . Und noch ein letztes Mal . . .

Dann ist die Wut weg. Du hast gewonnen, du bist der Sieger . . . Du dankst deinem Gegner für den fairen Kampf und verabschiedest dich . . .

Erleichtert und sehr glücklich kletterst du aus dem Ring. Du fühlst dich rundherum gut und erlöst . . . Das Publikum jubelt. Dein Trainer nimmt dich fest in den Arm. Und jetzt freust du dich auf die Badewanne. In deiner Umkleidekabine hat dir jemand schon ein Bad bereitet. Erschöpft lässt du dich in das warme Wasser gleiten . . . Dein Körper fühlt sich schwer an . . . und warm . . . Du tankst Energie . . . Dir geht es gut . . . Du bleibst noch eine Weile liegen, um neue Kraft zu sammeln . . .

Lass uns darüber reden

- Wie war es für dich, ein Boxer zu sein?
- Wie hast du dich während des Kampfes gefühlt?
- Ist es dir gelungen, alle Wut herauszuboxen?
- Könntest du dir vorstellen, deine Wut auch im richtigen Leben herauszuboxen, zum Beispiel in ein großes Kissen?

Raus mit der Wut

Bist du auch manchmal furchtbar wütend? So wütend, dass du fast platzen könntest? Dann verrate ich dir einen tollen, ganz einfachen Trick: Immer dann, wenn du so richtig wütend bist und die Wut in dir tobt, schickst du dieses Gefühl einfach weg, indem du es rausatmest . . .
Das geht ganz leicht. Willst du es mal probieren? Versuch jetzt erst einmal die Wut tief in dir zu spüren . . . Merkst du, wie sie in dir wütet und tobt?

Schau dir deine Wut mal ganz genau an. Wie sieht sie aus? Hat die Wut eine bestimmte Farbe?

Jetzt achte einen Moment lang auf deinen Atem. Ganz ruhig und entspannt fließt dein Atem tief in dir ein und aus . . . Ein und aus . . . Ganz ruhig und entspannt geht dein Atem ein und wieder aus . . .

Hast du gemerkt, dass du nun schon viel ruhiger bist?

Stell dir nun wieder deine Wut vor, die jetzt schon viel weniger tobt, und betrachte ihre Farbe . . . Jedes Mal, wenn du nun ausatmest, strömt die Wut aus deinem Mund heraus . . . Und immer dann, wenn du wieder einatmest, nimmst du klare, reine Luft in dir auf. Sie strömt durch deine Nase hindurch . . .
Raus mit der Wut . . .
Raus mit der Wut . . .
Atme ganz ruhig weiter und schau dir die Wut an, die als Farbe aus deinem Mund strömt . . . Die ausgeatmete Wut wird vom Wind davongetragen und löst sich schließlich in Luft auf . . .

Nimm dir Zeit, um alle Wut aus dir hinauszuatmen, die noch in dir drinsteckt . . . Atme die Wut raus . . . **Raus mit der Wut** . . .

Schließlich ist alle Wut aus deinem Körper gewichen. Die klare, reine Luft, die du durch deine Nase eingeatmet hast, füllt deinen Körper aus und macht dich froh. Außerdem gibt sie dir Kraft zurück. Spüre deinen gereinigten Körper nun und fühle die neue Kraft, die in dir fließt . . .
Voller Kraft und Energie bist du jetzt . . .

Lass uns darüber reden

- Wie hast du dich gefühlt, als die Wut in dir getobt hat?
- Was hättest du am liebsten mit deiner Wut getan?
- Wie war es, die Wut einfach rauszuatmen?
- Wie fühlst du dich nun, wo alles vorbei ist?
- Was wirst du tun, wenn du das nächste Mal richtig wütend bist?

Wenn der Drache wütend ist . . .

Schließe nun deine Augen und stell dir einmal vor, du machst einen Spaziergang durch einen hellen, freundlichen Wald. Der Himmel über dir ist strahlend blau und die Sonne strahlt durch die grünen Baumkronen hindurch ... Du lauschst dem zarten Gesang der kleinen Vögel und hörst, wie der Wind die Blätter der Bäume ganz sanft und zart rascheln lässt ...

Während du den Waldweg weiter entlanggehst, genießt du die Ruhe an diesem Ort. Diese Ruhe macht sich auch in dir breit ... Ganz locker und entspannt bist du ... Dein Kopf ist wunderbar frei und es gibt keinerlei Gedanken, die dich stören ...

Mit einem Mal hörst du lautes Stampfen und Gebrüll, das so klingt, als würde ein mächtiger Donner grollen. Als du dem Geräusch näher kommst, siehst du plötzlich eine große Wiese, die von Bergen umgeben ist. Mitten auf dieser Wiese steht ein kleiner Drache. Dieser Drache flucht und brüllt, so laut er nur kann, stampft mit seinen Drachenfüßen auf der Wiese herum und nimmt schließlich einen großen Stein und schmettert diesen voller Wucht gegen einen der Berge ...

Nachdem du dir den vor lauter Wut rasenden Drachen eine Weile angesehen hast, gehst du vorsichtig näher und rufst: »Du bist ja vielleicht wütend! Dein Gebrüll kann man bis dort hinten in den Wald hinein hören. Hast du keine andere Idee, mit deiner Wut fertig zu werden?«
Der kleine Dache hält inne und schaut sich erstaunt um. Dann entdeckt er dich. »Nanu!«, sagte er dann. »Hast du denn gar keine Angst vor mir?«
»Nein, warum denn auch?«, erwiderst du. »Du kannst mir höchstens Leid tun.«
Der Drache schaut dich fragend und verwirrt an. Es scheint so, als hätte er nicht verstanden, was du meinst. Deshalb sagst du: »Du tust mir eben Leid, weil du so außer dir bist vor Wut und gar nicht weißt, wie du die

Wut wieder loswerden sollst. Du tobst hier herum wie ein Wilder. Hast du keine andere Idee?«

Da senkt der Drache den Kopf und schaut etwas betreten nach unten. Das laute Gebrüll hat ihm bisher eigentlich wirklich nie geholfen. Aber ihm fällt wirklich keine andere Lösung ein.

»Was machst du denn, wenn du so richtig wütend bist?«, fragt dich der Drache.

»Pass auf, ich werd's dir zeigen«, sagst du und machst dem Drachen vor, wie er sich hinlegen soll, einfach der Länge nach auf den Rücken, sodass die Arme neben dem Oberkörper im weichen Gras liegen.

»Ja, genau so!«, lobst du den Drachen. »Jetzt schließe deine Augen und höre mir zu. Alles was ich sage, stellst du dir in Gedanken vor, alles klar?«

»Alles klar!«, sagt der Drache und schließt seine großen Drachenaugen.

»Als Erstes versuchst du nun deinen Drachenkörper ganz intensiv zu spüren, wie er auf der Wiese liegt . . . Horch noch einen Moment in dich hinein, ob du auch wirklich bequem liegst und dich nichts mehr stört . . . Du bist nun ganz ruhig und entspannt . . . Die Sonne schickt ihre Sonnenstrahlen zu dir hinüber . . . Sie halten dich warm und ganz geborgen . . . Und dann spürst du auf einmal deinen Atem . . . Ganz ruhig und regelmäßig fließt er durch deinen Drachenkörper. Du atmest ein und aus . . . ein und wieder aus . . . Vollkommen ruhig und gleichmäßig . . . Vielleicht magst du dir dabei vorstellen, du liegst auf einer wunderschönen, weißen Wolke und fliegst durch den Himmel . . . Der Wind schaukelt dich ganz, ganz sacht und vorsichtig hin und her . . . Als wolle er dich in den Schlaf wiegen . . . Ganz ruhig und regelmäßig wirst du auf deiner Wolke geschaukelt . . . Genauso ruhig fließt auch dein Atem in dir . . . Du genießt den Ausflug auf deiner Wolke und vergisst mit einem Mal alle Sorgen und Dinge, die dich bedrücken und dir schlechte Gefühle machen . . . Du bist frei und fühlst dich richtig gut . . . So fliegst du eine Weile durch den Himmel und träumst vor dich hin . . . Ganz entspannt und ruhig fliegt dich deine Wolke wieder auf die Wiese zurück . . . Jetzt recke und strecke dich mal! Balle deine Hände zu festen Fäusten, als wolltest du boxen! Atme ganz tief ein und aus! Und dann öffne deine Augen langsam!«

Der Drache reibt sich die Augen und räkelt sich wohlig auf der Wiese. »War das vielleicht schön!«, sagt er. »Doch das Schönste war, es hat wirklich geholfen und unheimlich gut getan! Am besten hat mir dabei die Wolke gefallen, die mich hin- und hergeschaukelt hat. Und dadurch ist auch mein Atem ganz ruhig und regelmäßig geworden. Einfach Klasse!«
»Siehst du, das ist viel besser als einfach mit Steinen um sich zu schmeißen und herumzubrüllen!«, sagst du und winkst dem Drachen noch nach, während du dich auf den Weg nach Hause machst . . .

Wichtiger Hinweis:

Diese Entspannungsgeschichte ist sehr umfangreich und setzt bereits einige Erfahrung mit dieser Art von Phantasiereisen voraus. Aus diesem Grund sollte sie nicht als Einstieg in diese Thematik dienen!

Lass uns darüber reden

- Was hast du empfunden, als du den wütenden Drachen beobachtet hast? Kennst du auch solche Wutausbrüche?
- Worüber kann sich der Drache so geärgert haben?
- Was tut dir gut, wenn du richtig wütend und zornig bist?
- Wie war es für dich, dem Drachen zu helfen und ihm eine andere Lösung gegen die Wut zu zeigen?

Praktische Anregungen

Geben Sie Ihrem Kind die Möglichkeit, schlechte Gefühle einmal so richtig auszuleben. Meistens sind diese mit viel Kraft und »Power« verbunden. Hier ein paar Anregungen, wie Wut und Ärger herausgelassen werden können, ohne dass andere in Mitleidenschaft gezogen werden:

- Voller Kraft in ein dickes Kissen oder Sandsack boxen.
- Die Wut malen: Wie sieht sie aus, welche Farbe hat sie? Wie viel Platz nimmt sie ein?
- Alte Zeitungen zerreißen.
- Aufgeblasene Ballons zum Platzen bringen.
- Einfach mal ganz laut schreien, am besten im Wald, wo es keinen stört.
- Mit Kissen eine wilde Schlacht veranstalten, das tut keinem weh!
- Eine Runde um den Block rennen oder einen kleinen Spaziergang machen.
- Alles heraustrommeln, zum Beispiel mit Holzlöffeln auf Kochtöpfe oder Kartons.
- Alles einfach mal stehen und liegen lassen, um mit den Eltern bei einem leckeren Eis oder einem Spaziergang über seine Gefühle zu sprechen.
- Zeit zum Kuscheln und Trösten nehmen und dann eine schöne Geschichte lesen.

Ich mag mich und bin glücklich

In unserer schnelllebigen und stark leistungsorientierten Gesellschaft wird es immer wichtiger, dass Kinder selbstbewusst auftreten und ihre Meinung äußern können. Die Geschichten in diesem Kapitel möchten die Kinder stärken und ihnen zeigen, wie wichtig es ist, sich selbst zu mögen. Bitte bedenken Sie, dass nur dann, wenn sich Kinder geborgen, geliebt und sicher fühlen, es ihnen auch möglich sein wird, selbstbewusst ihren Alltag zu meistern. Deshalb wünsche ich mir, dass Sie dieses Buch und besonders die Geschichten dieses Kapitels zum Anlass nehmen, die Zeit, die Ihnen beispielsweise für gemeinsame Unternehmungen oder Kuscheleinheiten bleibt, intensiv zu nutzen und alles andere einfach mal liegen zu lassen. Der Berg ungebügelter Wäsche kann getrost auch mal warten. Viel wichtiger dagegen ist es doch, für Ihr Kind da zu sein, wenn es Sie braucht, und ihm das Gefühl von Liebe, Nähe und Geborgenheit zu geben.

Im Turm der Gefühle

Schließe deine Augen und stell dir einmal vor, du stehst vor einem riesigen Turm. Es ist der Turm der Gefühle und er sieht irgendwie geheimnisvoll aus. Er hat auf dich eine magische Anziehungskraft und deine Neugier wird immer größer und größer . . .

Schließlich nimmst du all deinen Mut zusammen und öffnest die schwere Holztür. Sie geht ganz leicht auf, viel leichter, als du eigentlich gedacht hast. Hinter der Eingangstür siehst du eine lange Wendeltreppe, die nach oben führt, und vorsichtig steigst du Stufe für Stufe die Treppe hinauf. Du kommst zu einer anderen Tür, auf der steht in großen, dunkelroten Buchstaben: WUT . . .

Du bist sehr neugierig, was wohl hinter dieser Tür stecken mag, und öffnest sie schnell. Als du dann in dem Raum stehst, weißt du mit einem Mal, weshalb WUT auf der Tür stand: Hier gibt es einen tollen Sandsack, der an der Decke befestigt ist. Ein paar rote Boxhandschuhe liegen darunter. Du ziehst sie über. Sie passen wie angegossen. Du boxt damit in den Sandsack hinein, immer fester und schneller. Es macht riesigen Spaß, aber du merkst, dass du eigentlich im Moment gar nicht richtig wütend bist. Trotzdem gehst du durch den Raum, um dir die anderen Sachen anzusehen, die man hier machen kann: Auf dem Boden liegen ein riesiges Blatt Papier und Stifte in dunklen, kräftigen Farben, mit denen man seine Wut malen und rauslassen kann. Und in einer der hinteren Ecken findest du altes Porzellan. Anscheinend hat hier jemand vor Wut einige Teller mit Wucht an die Wand geworfen. Auf dem Boden liegen überall Scherben. Du wanderst weiter durch den großen Raum. In einer kleinen Nische siehst du einen Berg mit Zeitungen. Die kann man, wenn einen die Wut packt, zerknüllen, zerreißen oder darauf herumtrampeln. Und wenn man Lust hat, kann man dazu brüllen, so laut man will, um alle Wut, die in einem steckt, loszuwerden . . .

Nun hast du genug gesehen. Da du keinerlei Wut in dir verspürst, gehst du wieder zur Tür und schließt sie hinter dir. Du kommst wieder zu der Wendeltreppe und steigst zaghaft die Treppenstufen hinauf bis zur nächsten Tür. Darauf steht: ANGST. Vorsichtig öffnest du die Tür und lugst hinein: Dieser Raum ist hell, gemütlich und wirkt sehr einladend. In einer Ecke liegen allerhand Kuscheltiere auf einer großen Decke. Ja, die wirken gegen Angst, das weißt du aus eigener Erfahrung. Außerdem vernimmst du im Hintergrund eine leise wunderschöne Melodie, die einen zarten Klang hat und ein Gefühl der Geborgenheit in dir auslöst . . .
Du spürst gerade keine Angst in dir, aber du freust dich diesen Ort kennen gelernt zu haben. Du nimmst dir vor das nächste Mal, wenn du dich fürchtest oder dir etwas Angst macht, hierher zu kommen, um neuen Mut zu fassen.

Du schlenderst die Wendeltreppe weiter nach oben und entdeckst eine Tür mit der Aufschrift GLÜCK und FREUDE . . .
Gespannt öffnest du diese Tür und findest einen Raum vor, der eigentlich alles andere als ein normales Zimmer ist: Auf dem Boden wächst saftiges, grünes Gras und es blühen viele bunte Blumen. Dazwischen wachsen hier und da vierblättrige Kleeblätter! Na, wenn das kein Glück ist: Schnell pflückst du dir eins und steckst es in deine Hosentasche.
Über die Wiese fliegen zwei kleine Schmetterlinge, die munter herumtollen und vergnügt sind. Die Zimmerdecke ist strahlend blau wie ein Himmel im Hochsommer.
Da entdeckst du eine Schaukel. Schnell kletterst du darauf, nimmst Schwung und schaukelst fast bis zu den Wolken. In deinem Bauch krib-

belt es ein bisschen und du fühlst dich vollkommen unbeschwert und unendlich glücklich. Singend und lachend springst du noch eine Weile im Gras umher, bis du dich von dem Raum verabschiedest und ganz leise die Tür hinter dir verschließt, um das Glück und die Heiterkeit nicht zu stören . . .

Jetzt steigst du das letzte steile Stück der Wendeltreppe nach oben, bis es nicht mehr weitergeht und die letzte Türe vor dir liegt. Darauf steht: LIEBE & GEBORGENHEIT.
Als du die Tür öffnest, wird es dir ganz warm ums Herz. Du betrittst den Raum und spürst die warmen Strahlen der Sonne, die dich angenehm wärmen und den Raum in ein helles, klares Licht setzen . . .
Du bewegst dich langsam hinein in diesen Raum, dir ist, als würdest du schweben . . .
Plötzlich kommt eine weiche weiße Wolke langsam angeflogen, die aussieht, als wäre sie aus Watte. Du zögerst nicht lang und kuschelst dich in die Wolke hinein. Die kleine Wolke hält dich sicher und geborgen. Du fühlst dich so wohl wie noch nie in deinem Leben. Und so schwebst du eine ganze Weile auf deiner Wolke durch den Raum der Liebe und Geborgenheit . . .

Schließlich spürst du, dass es an der Zeit ist, dieses letzte Zimmer wieder zu verlassen, und schaust dich nach dem Ausgang um. Doch die Tür, durch die du gekommen bist, entdeckst du nicht. Schließlich findest du eine runde, kleine Öffnung, die nach draußen zu führen scheint. Darüber steht in schöner, verschnörkelter Schrift: Schau nach vorn, da liegt dein Ziel!
Du krabbelst durch diese Öffnung und sitzt plötzlich auf einer langen Rutsche, die du nun hinunterrutschst: Immer um den Turm der Gefühle herum, geht es langsam abwärts . . .
Bis du schließlich wieder wohlbehalten unten landest . . .

Lass uns darüber reden

- Wie gefiel dir der Turm der Gefühle?
- In welchen Situationen würdest du gerne dorthin gehen?
- Welches Zimmer hat dir am besten gefallen?
- Hast du noch ein anderes Zimmer vermisst?

Mein heiß geliebtes Kuscheltier

Schließe nun deine Augen und stelle dir vor, du bist ein weiches, knuddeliges Kuscheltier. Vielleicht hast du ja ein Lieblingskuscheltier, mit dem du einmal tauschen möchtest. Oder du möchtest gerne ein kuscheliger Stoffbär sein, der brummt, wenn man auf seinen Bauch drückt . . . Lass dir Zeit und überlege gut, welches Kuscheltier du gerne sein möchtest.

Hast du etwas Passendes für dich gefunden? Dann stell dir jetzt noch vor, du sitzt gemütlich auf dem Bett von dem Kind, dem du gehörst. Richtig schön ist es auf diesem Bett. Du bist gerne dort . . .

Wenn das Kind ins Zimmer kommt, begrüßt es dich freundlich und drückt dir einen Kuss auf deine Nase. Das kitzelt immer so lustig . . . Manchmal, wenn das Kind gut gelaunt ist, wirft es dich in die Luft und fängt dich wieder auf. Das macht Spaß!
Dann und wann, wenn das Kind traurig ist, vergräbt es sein Gesicht in deinem Fell . . .
Manchmal bekommst du ein nasses Fell von salzigen Tränen. Dann fragst du, was denn los ist. Ganz leise fragst du. Und das Kind erzählt dir von seinen Sorgen. Von dem Streit mit der Freundin, von Mama, die geschimpft hat, von dem verlorenen Flummi. Was könnte dem Kind noch Sorgen bereiten?

Abends, wenn das Kind in sein Bett geht, nimmt es dich mit. Dich und noch ein paar andere Kuscheltiere. Du darfst mit auf dem Kopfkissen liegen und mit dem Kind schmusen. Liebevoll drückt es dich an sich und legt seine Arme beschützend um dich . . .

Während du einschläfst, spürst du eine tiefe Zufriedenheit und großes Glück in dir. Es ist einfach wunderschön, wenn man so geliebt wird wie du. Dann schließt du deine Augen und schläfst ein . . .

Lass uns darüber reden

- Was für ein Kuscheltier bist du gewesen?
- Was war es für ein Gefühl, so gekuschelt zu werden?
- Von welchen Sorgen hat das Kind dir erzählt?
- Hast du so ein Kuscheltier, dem du alles erzählen kannst?

Die kleine Katze

Wenn du nun deine Augen schließt, stell dir einfach mal vor, du wärst ein ganz kleines Kätzchen. Schau dir diese kleine Katze ganz genau an. Sie sieht so aus, wie du sie dir wünschst . . .

Du bist ein ganz verspieltes Kätzchen und machst dich neugierig auf den Weg, die Gegend zu erkunden . . .
In der Küche entdeckst du auf dem Boden eine kleine Schüssel mit Milch. Vorsichtig streckst du deine Zunge heraus und probierst, wie sie schmeckt. Mmh, lecker! Schnell schleckst du noch etwas mehr von der Milch und leckst dir mit deiner Zunge über dein kleines Mäulchen . . .

Als du weiter durch die Wohnung streifst, entdeckst du unter dem Wohnzimmertisch etwas, das aussieht wie ein kleiner Ball. Du kullerst den Ball übermütig vor dich hin und entdeckst, dass dies kein Ball, sondern ein kleines Knäuel aus bunter Wolle ist. Du stupst das Wollknäuel munter vor deinen kleinen Pfoten her und verteilst die bunte Wolle auf diese Weise im ganzen Zimmer. Das macht vielleicht Spaß . . .

Dann hast du die kleine Kellertreppe entdeckt und flitzt sie in großen Sprüngen ein paar Mal hinauf und hinunter . . .

Schließlich bist du ganz erschöpft und müde von deiner Entdeckungsreise durch die Wohnung. Du kuschelst dich zu deiner Katzenmama auf eine weiche, gemütliche Decke. Du schmiegst dich an deine Mutter und spürst ihr weiches, warmes Fell . . .
Ganz ruhig liegt sie da und ist vollkommen entspannt . . .
Deine Pfoten sind schwer, ganz schwer und die Decke hält euch ganz

warm und geborgen . . . Du kannst spüren, wie diese wohltuende Wärme durch deinen Körper hindurchströmt . . .

Während du neben ihr liegst und mit ihr kuschelst, spürst du den Atem deiner Katzenmama. Ganz ruhig und regelmäßig atmet deine Mutter . . . Auch dein Atem strömt vollkommen ruhig und gleichmäßig ein und aus . . . Ein und aus . . .

Du rückst noch ein bisschen näher an deine Mama, die ihre Pfoten liebevoll um deinen kleinen Körper legt. Das gibt dir ein Gefühl von großer Sicherheit. Du fühlst dich wohl . . .

So liegst du da, schnurrst zufrieden und beginnst zu träumen. Du träumst einen wunderschönen Katzentraum . . .

(je nach Ausdauer und Übung des Kindes 1 bis 3 Minuten Pause machen)

Jetzt spürst du wieder neue Kraft in dir fließen . . . Immer mehr Lebensenergie kehrt in deinen kleinen Katzenkörper zurück . . .

Schließlich räkelst du dich gähnend . . . Machst einen hohen Katzenbuckel . . . Und öffnest deine Augen . . .

Lass uns darüber reden

- Wie hast du dich als behütete kleine Katze gefühlt?
- Konnte deine Mutter dir die Sicherheit geben, die du gebraucht hast?
- Was hättest du getan, wenn du die Katzenmutter gewesen wärst?

Im Zaubergarten

An einem schönen, sonnigen Sonntagmorgen öffnest du dein Fenster, atmest die frische Frühlingsluft und schon zieht es dich nach draußen. Du schlüpfst schnell in deine Schuhe und rennst der Sonne entgegen. Schon bald kommst du in eine freundliche Gegend. Du wirst langsamer und schaust dich neugierig um.
Schließlich gelangst du an ein geheimnisvolles Tor, auf dem mit goldenen Buchstaben »Willkommen im Zaubergarten« steht. Ganz gespannt öffnest du das Tor und betrittst den Zaubergarten ...
Vor dir beginnt ein schmaler Weg aus buntem Kies. Du wunderst dich über diese Farben. Als du dir den Pfad näher ansiehst, erkennst du, dass dies keine Steine, sondern kunterbunte Bonbons sind ...
Rechts und links vom Weg wachsen Lollis und Zuckerstangen in den tollsten Formen und Farben, die du dir nur vorstellen kannst ... Du siehst einen großen rot und gelb gestreiften Lolli, der wie eine kunterbunte Spirale in der Sonne glitzert. An einem Strauch hängen rosafarbene Liebesperlen und an einem Baum sprießen kleine Traubenzuckerherzen.
Die süßen Leckereien verströmen einen wunderbaren Duft. Es riecht nach Vanille und Lakritze, Orangen und Himbeeren. Und wenn du einen tiefen Zug nimmst, dann riechst du auch deine Lieblingsbonbons ... Vollkommen überwältigt von diesem Zaubergarten, bleibst du stehen und schaust dich weiter um ...
Ganz in der Nähe sprudelt ein kleiner Bach. Dessen Wasser ist dunkelrot und duftet nach reifen Kirschen. Du wirst neugierig, kniest dich an den Rand des Baches und probierst das rote Wasser. Mmh! Es ist die köstlichste Kirschlimonade, die du jemals getrunken hast.

Du fühlst dich mit einem Mal so frei und unbeschwert. Voller Glück hüpfst du den bunten Weg durch den Zaubergarten weiter entlang und staunst über die vielen tollen Dinge am Wegesrand ...

Nach einer Weile findest du eine riesengroße Blume, in der fliederfarbenen Kelch man sich richtig hineinkuscheln kann. Dieses Blumenbett wirkt so einladend, dass du gleich hineinkletterst und es dir ganz gemütlich machst.
Du bettest deinen Kopf auf ein Kissen aus Blütenstaub und genießt das sanfte Wiegen des Blütenkelches ...

Wenn du aus dieser Liegeposition über den Rand des Blütenkelches hinwegschaust, siehst du einen wunderschönen Baum mit einer prächtigen Krone. Nach längerem Betrachten erkennst du, dass dieser Baum an Stelle von Blättern lauter kleine Glöckchen an seinen Ästen trägt. Diese klingen und bimmeln ganz sanft, wenn der Wind durch die Zweige bläst ...
Wie schön das klingt ...
Ganz ruhig und entspannt bist du ... Nichts, aber auch gar nichts geht dir durch den Kopf ... Schwer und warm liegst du in deinem Zauberblumenbett ... Die Blumenblätter decken dich zu und halten dich sicher fest. Du fühlst dich geborgen ...

Du lässt dich hin- und herwiegen und träumst vor dich hin ...

Nun ist es langsam an der Zeit, sich auf den Rückweg zu machen. Du kletterst vorsichtig aus der Blume hinaus und schlenderst den bunten Bonbonweg entlang, auf dem du auch hergekommen bist. Schließlich verlässt du den Garten durch das Tor und schließt es leise hinter dir. Dann läufst du gut gelaunt nach Hause und pfeifst dabei vor dich hin. Dir geht es richtig prima und du nimmst dir vor, diesen Zaubergarten nun öfter zu besuchen.

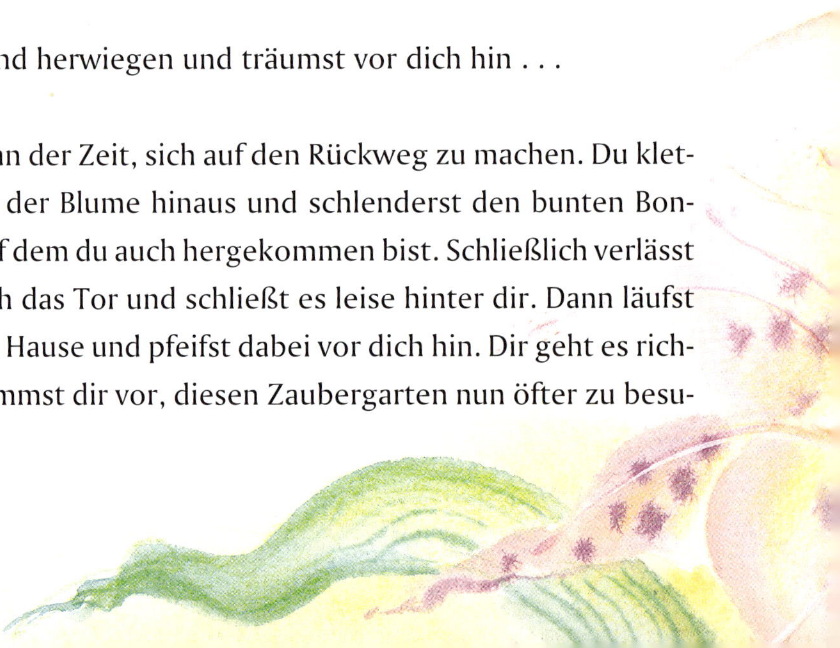

Lass uns darüber reden

- Wie hat dir der Zaubergarten gefallen?
- Gibt es vielleicht auch Dinge, die du im Zaubergarten vermisst hast, oder Sachen, die du dort lieber getan hättest?
- Würdest du gerne jemanden in deinen Zaubergarten mitnehmen? Wen?

In Mamas Bauch

Stell dir mal vor, du bist noch klein. Ganz klein, meine ich, so klein, dass du in Mamas Bauch passt . . .
Du bist ein so winziges Baby, dass du in Mamas Bauch sogar noch genug Platz hast, um dich zu bewegen. Du lebst dort in deiner Fruchtblase und wirst stets mit all den Dingen versorgt, die du brauchst, um zu wachsen. Schließlich möchtest du ja größer und stärker werden, damit du irgendwann so kräftig bist, dass du geboren werden kannst . . .
Doch bis dahin dauert es noch eine ganze Weile. Jetzt genießt du erst einmal die Wärme in Mamas Bauch und die Freiheit, so herumzustrampeln, zu kugeln und zu boxen, wie es dir gefällt . . .
Um dich herum ist die schützende Hülle der Fruchtblase, die dich sicher und ganz geborgen hält . . .
Wenn sich deine Mutter bewegt, wirst du im Bauch ganz sanft und vorsichtig hin- und hergeschaukelt, wie in einer richtigen Wiege . . .
Zufrieden nuckelst du an deinem Daumen und lässt es dir gut gehen. Dabei spürst du die Hände deiner Eltern, die sich liebevoll und schützend auf den Bauch legen und dich willkommen heißen wollen. Versuche diese Liebe ganz intensiv zu spüren, denn das gibt dir ganz viel Kraft und Mut . . .

Du hörst, wie sich deine Eltern über dich unterhalten. Sie freuen sich schon riesig darauf, dich endlich kennen zu lernen . . . Außerdem sind die beiden richtig neugierig. Sie wollen wissen, wie du aussiehst, und können es kaum erwarten, dich endlich in ihren Armen zu halten . . .
Mama und Papa überlegen sich gerade einen passenden Namen für dich. Das ist gar nicht so einfach, schließlich sollst du den allerschönsten Namen bekommen, den es gibt . . .

Dann spürst du, wie deine Mutter aufsteht und zusammen mit deinem Vater ins Kinderzimmer geht. Die beiden stehen vor deiner Wiege und schaukeln sie sanft hin und her . . . Bald wirst du darin schlafen dürfen und ganz sacht in den Schlaf gewiegt werden . . .
Durch den Bauch deiner Mutter hörst du, wie deine Eltern dir ein wunderschönes Schlaflied singen. Aufmerksam und ganz andächtig lauschst du dem schönen, zärtlichen Klang des Liedes . . .

Wenn du magst, darfst du noch ein bisschen im Bauch deiner Mutter bleiben, um diese Geborgenheit, Liebe und Sicherheit zu genießen . . .

Lass uns darüber reden

- Wie hast du dich als Baby im Bauch deiner Mutter gefühlt?
- Wärst du gerne noch länger ein Baby geblieben?
- Welche Vorteile hast du im Bauch deiner Mutter gehabt?
- Spürst du diese starke Geborgenheit auch heute noch manchmal? Wenn ja, in welchen Situationen?

Ich wünsch mir Flügel

Stell dir einfach mal vor, du stehst auf einer wunderschönen Wiese . . . Um dich herum leuchtet das grüne, saftige Gras und die bunten Blumen, die darauf wachsen, verströmen einen zauberhaften Duft. Der Duft der Blumen löst eine große Ruhe in dir aus . . .
Nimm dir so viel Zeit, wie du brauchst, um dir diese Wiese anzusehen. Schau dich dabei ruhig um, was es hier alles zu sehen, zu riechen oder gar zu hören gibt . . .

Du schlenderst gemütlich durch das weiche Gras und genießt die wohltuende Ruhe . . .
Währenddessen schaust du in den wolkenlosen Himmel und siehst einige kleine Vögel, wie sie schwerelos und frei durch die Luft schweben. Und dann entdeckst du auch noch einen kleinen Schmetterling, der munter über die Wiese flattert . . .

Wenn ich doch auch nur fliegen könnte, denkst du verträumt: Alle Sorgen vergessen und für eine Weile davonfliegen. Weit weg von allem, was einem Kummer oder Angst macht . . .

Und da – plötzlich – merkst du ein angenehmes Kribbeln an deinem Rücken. Und als du den Kopf wendest, entdeckst du, dass du zwei wunderschöne durchsichtige Flügel hast. Das Licht der warmen Sonne spiegelt sich darin. Bei dem Anblick wird es dir ganz warm ums Herz . . .
Vorsichtig versuchst du deine Flügel zu bewegen. Es klappt! Du bewegst sie etwas schneller und dann hebst du ab. Es ist kinderleicht zu fliegen! Du überlegst nicht lange und fliegst geradewegs in den blauen Himmel hinein . . .
Das ist vielleicht ein tolles Gefühl. Man fühlt sich so frei und unbeschwert. Übermütig fliegst du eine kleine Schleife . . .
Jetzt möchtest du die Welt entdecken . . . Irgendwohin fliegen, wo es dir gefällt . . . Lass dir dabei ruhig Zeit . . . Hier oben gibt es niemand, der dich hetzt oder drängelt . . . Du kannst fliegen, wie und wohin es dir gefällt . . .

Nachdem du dieses neue Gefühl der Freiheit ausgiebig genossen hast, begegnet dir plötzlich ein kleiner grauer Spatz. Der staunt nicht schlecht darüber, dass er einen Menschen in der Höhe trifft. Und das ohne Fallschirm!
Du rufst ihm zu: »Sieh mal, ich kann fliegen« und schlägst übermütig einen Purzelbaum. Dann macht ihr euch bekannt. Du sagst deinen Namen und erfährst, dass du es mit Spilly Spatz zu tun hast, dem schnellsten Spatz der Lüfte.
»Fang mich«, ruft Spilly dann – und schon saust er davon. Du flatterst hinterher und übermütig spielt ihr beiden Fangen. Spilly fliegt eine Acht, du folgst ihm. Das macht Spaß, dir zaust der Wind an den Haaren. Mit einigen kräftigen Flügelschlägen steigt Spilly dann wieder der Sonne entge-

gen und fliegt übermütig eine Schraube. Du machst es ihm nach. Es tut so gut, hier in den Lüften herumzutollen, und du hast gar nicht bemerkt, wie die Zeit verging. Die Sonne ist schon fast untergegangen und der Himmel leuchtet rosarot.

Spilly ruft: »Du wirst mich nie fangen können! Gibst du auf?«

»Ja«, antwortest du müde und glücklich und folgst Spilly, der sich in eine Wolke kuschelt. Auch du bist müde und freust dich auf dein Bett. Du verabschiedest dich von deinem neuen Freund. Ein letzter Sonnenstrahl kitzelt dich an der Nase. Du spürst die angenehme Wärme und die wohlige Schwere in deinem Körper . . . Gut gelaunt segelst du langsam nach Hause . . .

Ein letzter Sonnenstrahl kitzelt dich an der Nase. Du spürst die Wärme und die angenehme wohlige Schwere deiner müden Arme und Beine . . .

Lass uns darüber reden

- Wie hast du dich beim Fliegen gefühlt?
- Was hast du von dort oben alles gesehen?
- In welchen Situationen würdest du dir wünschen fliegen zu können?
- Fühlst du dich auf der Erde auch manchmal so frei? Wenn ja, in welchen Situationen?

Ich bin ein kleiner König

Schließe die Augen und stell dir mal vor, du wärst ein König. Ein richtiger König, der auf seinem Thron sitzt und eine goldene Krone auf seinem Kopf trägt . . . Du wohnst in einem prächtigen Schloss mit vielen Zimmern und sehr vielen Dienern. Von deinem Schloss aus blickst du auf Wiesen und Felder . . . Du siehst einen Wald . . . Du siehst dein ganzes Königreich . . .
Du bist stark, mächtig und reich. Nur du regierst das Land. Alles, was du dir wünschst, geht in Erfüllung . . .

Jeden Morgen wirst du von einem deiner Diener geweckt. Er hilft dir beim Anziehen und bringt dir eine Schüssel mit warmem, duftendem Wasser und deine Zahnbürste, damit du dich frisch machen kannst. In der Zwischenzeit macht der Diener dein Bett und öffnet die großen Fenster, um das warme Licht der Sonne in dein Schlafgemach zu lassen . . .

Wenn du fertig bist, begleitet dich dein Diener in den Speisesaal. Dort ist der lange Tisch bereits gedeckt. Lauter Köstlichkeiten gibt es da, die du gerne magst. Du kannst dich gar nicht entscheiden, was du essen sollst, weil alles so lecker aussieht. Du riechst den Duft von warmem, süßem Kakao und frisch gebackenen Brötchen. Einfach lecker . . .

Nachdem du in aller Ruhe gefrühstückt hast, gehst du in dein Amtszimmer und lässt dir von allen Boten deines Schlosses mitteilen, welche Neuigkeiten es in deinem Königreich gibt. Du freust dich, weil so viele gute Nachrichten dabei sind, und befiehlst, dass alle deine Untertanen für heute aufhören sollen zu arbeiten. Heute soll ein Feiertag sein. Dieser Befehl spricht sich schnell herum und schon hörst du die Jubelschreie der

Leute. Aus dem Fenster siehst du, wie deine Untertanen sich freuen und einige dir zuwinken.

Nach einem köstlichen, üppigen Mittagessen gehst du hinaus auf deine königliche Terrasse. Dort machst du es dir in aller Ruhe gemütlich. Eingekuschelt in eine warme Decke, liegst du dort und lässt dir die Sonne auf den Bauch scheinen. Ach, es ist einfach herrlich, König zu sein, denkst du und schläfst ein ...
Als du von deinem ausgedehnten Mittagsschlaf wieder aufwachst, strömt schon der Duft von frischen Waffeln in deine Nase ... Einer deiner Diener erinnert dich daran, dass du Besuch erwartest. Deine beste Freundin und dein bester Freund kommen vorbei. Der Tisch ist schon fertig gedeckt und ein riesiger Teller mit knusprig goldgelben Waffeln steht darauf. Außerdem gibt es dazu geschlagene Sahne und warme Kirschen, hm ...

Am Abend bringt dich dein Diener in dein Schlafgemach, wo er dein königliches Himmelbett bereits aufgeschüttelt und gelüftet hat. Er zieht die goldenen Vorhänge vor das Fenster und hilft dir in dein Bett. Nachdem er dir eine gute Nacht gewünscht hat, zieht er sich zurück und schließt leise die Tür hinter sich. Müde und glücklich schläfst du ein und träumst einen wunderschönen Traum. Gute Nacht, kleiner König ...

Lass uns darüber reden

- Bist du gern ein König gewesen?
- Wie hast du ausgesehen mit deiner Krone?
  Und wie gefiel dir dein Schloss?
- Was würdest du alles tun, wenn du ein richtiger König wärst und viel Macht hättest?

Der Clown

Stell dir mal vor, du lebst in einem richtigen Zirkus. Du bist ein Clown, der immer gut gelaunt und lustig ist. Deine Augen schauen immer freundlich und die große, rote Nase steht dir sehr gut. Dein Anzug besteht aus kunterbunten Flicken und deine viel zu großen Schuhe haben kleine, goldene Glöckchen, die munter klingeln, sobald du dich bewegst . . .

Jeden Nachmittag, wenn die Zirkusvorstellung beginnt, stehst du in der Manege. Dort sitzen viele Menschen, vor allem Kinder, die ganz gespannt und aufgeregt zusehen, was alles passiert.
Von allen Attraktionen, die dein Zirkus zu bieten hat, ist deine Vorstellung die schönste und lustigste. Besonders die Kinder sind ganz aus dem Häuschen, sobald sie dich erblicken. Jeder, der gerade noch trüben Gedanken nachhing, hat diese im Handumdrehen vergessen . . .

Heute hast dir etwas ganz Besonderes ausgedacht. Du hast ganz viele bunte Luftballons in deiner großen Hosentasche. Du bläst einen nach dem anderen auf und zeigst damit tolle und witzige Tricks. Die Zuschauer sind mal wieder begeistert und jubeln dir zu . . .

Dann pustest du einen ganz besonderen Ballon auf. Er ist groß und durchsichtig. In dem Ballon glitzern viele kleine Federn und Sternchen. Es ist ein wunderschöner Luftballon und die Zuschauer machen »Aah« und Ooh«. Du schaust dich in den Zuschauerreihen nach einem kleinen Kind um, das aufgeheitert werden muss. Da, dort hinten hast du doch wahrhaftig ein Kind entdeckt, das immer noch traurig guckt. Du gehst zu dem Kind hin und schenkst ihm zur Aufmunterung diesen Zauberballon. Das Kind kann es kaum glauben. Langsam huscht ein Lächeln auf sein Gesicht,

dann strahlt es. Es springt von seinem Sitz auf und drückt dir einen dicken Kuss auf deine Clownsnase . . .
Du musst seufzen vor Glück. Es ist doch einfach wunderschön, wenn man Menschen glücklich machen kann. Du bist so stolz und froh darüber, ein so beliebter Clown zu sein . . .

Als du wieder unten in der Manege stehst, machst du zum Abschied Seifenblasen. Es sieht einfach toll aus, wie die schwebenden Seifenblasen in bunten Farben schimmern und bis zum gestreiften Dach des Zirkuszeltes schweben. Verträumt schaust du den Seifenblasen nach . . .

Als du dich vom Publikum verabschiedest, klatschen und jubeln die Zuschauer. »Großartig! Einfach wunderbar!«, rufen die Leute dir zu.
Dankend verbeugst du dich und wirfst beglückt eine Kusshand in die Menge . . .

Lass uns darüber reden

- Wie hast du dir als Clown gefallen?
- Was war das für ein Gefühl, die Leute so glücklich zu machen?
- Könntest du dir vorstellen, wirklich ein Clown zu sein, der immer gut gelaunt und rundherum glücklich ist?
- Was würdest du am liebsten machen, wenn du ein Clown wärst und in einem Zirkus auftreten müsstest?

Manchmal hab ich Angst

Angst kann vielfältige Ursachen haben. Nicht selten ist sie ein Mangel an Selbstbewusstsein. Diese Angst wird durch den gesellschaftlichen Druck potenziert. Denn oft werden Ängste nicht ernst genommen oder gar nicht zugelassen. Jeder kennt Sätze wie: »Unsinn, vor so etwas brauchst du dich doch nicht zu fürchten!« oder »WAS??? Wegen so einer Kleinigkeit hast du Angst?!« Dabei sollte man es eigentlich als großes Lob auffassen, wenn die Kinder einem ihre Angst anvertrauen. Schließlich ist es nicht gerade einfach, darüber zu sprechen und sich dadurch – in gewissem Maße – eine Blöße zu geben.

Die Entspannungsgeschichten in diesem Kapitel greifen die Ängste der Kinder auf, nehmen sie ernst und bieten verschiedene Lösungsmöglichkeiten an. Die Kinder erfahren vor allem, dass es nicht schlimm ist, Angst zu haben. Zudem möchten die Geschichten zeigen, dass eigentlich jedes Kind und auch jeder Erwachsene kleine oder auch große Ängste hat.

In diesem Zusammenhang hoffe ich, dass diese Geschichten auch für Sie als Eltern ein wichtiger Anlass sein werden, um das Thema Angst und Furcht ganz offen zu bereden. Trauen auch Sie sich, den Kindern von den eigenen Ängsten zu erzählen.
Angst gehört nun mal zum Leben dazu, so wie auch die Freude und die Trauer ein fester Bestandteil unseres Lebens sind.

Mein Freund, der Riese

Stell dir einmal vor, du machst einen kleinen, gemütlichen Spaziergang. Du schlenderst einen Feldweg entlang an dem rechts und links des Weges bunte Wiesenblumen wachsen. Hier und da siehst du Schmetterlinge. Die Sonne scheint und das Blumenmeer lädt dich zum Ausruhen ein.
Du suchst dir einen schönen Platz auf der verwilderten Wiese und legst dich ins weiche Gras . . .
Über dir weht eine Pusteblume.

Tut das gut! Ganz locker und ruhig liegst du da und denkst an nichts. Dein Körper liegt schwer und vollkommen entspannt da. Die Sonne wärmt dich und lässt neue Kräfte in dir fließen . . .

Während du so daliegst und dich ausruhst, um noch mehr neue Kraft zu schöpfen, hörst du mit einem Mal etwas. Das hört sich ja an, als ob jemand weint! Du räkelst dich und reibst die letzte Müdigkeit aus den Augen. Dann machst du dich auf die Suche. Du gehst zielstrebig in die Richtung, aus der das Weinen und Schluchzen zu kommen scheint . . .

So gelangst du an einen kleinen Berg, den du hinaufsteigst. Höher und höher. Das Schluchzen wird lauter und lauter. Ein so heftiges Schluchzen hast du vorher noch nie gehört.

Plötzlich siehst du vor dir ein mit Tränen überströmtes Gesicht. Riesengroß! Huch! Da erkennst du, dass du einem Riesen ins Gesicht schaust und dass der Berg, den du erklommen hast, gar kein Berg, sondern der rechte Arm des Riesen ist . . .

Dass so ein großer Riese weinen kann, wundert dich. »Hallo!«, begrüßt du den weinenden Riesen freundlich. »Warum weinst du denn? Ich dachte immer, einen Riesen kann nichts erschüttern!«
Der Riese schaut sich erstaunt um, dann entdeckt er dich auf seinem Arm und wischt sich die Tränen weg. Er schnieft: »Ach, ich weiß! So ein großer Kerl wie ich müsste eigentlich tapfer, stark und mutig sein. Aber es ist einfach schrecklich. Ich habe immer solche Angst, weil mich niemand mag. Alle nehmen vor mir Reißaus, weil ich eben ein Riese und so groß bin! Du bist der erste Mensch, der nicht sofort schreiend wegläuft, sondern mit mir redet.«
»Ich habe dein Schluchzen gehört, da wollte ich nachsehen, wer so bitterlich weint! Ich habe nämlich noch nie ein so lautes Schluchzen gehört. Und so bin ich dann hier bei dir gelandet. Wie mir scheint, kannst du meine Hilfe brauchen«, sagst du zu dem traurigen Riesen.
Der Riese nickt langsam und ein breites Lächeln huscht über sein riesiges Gesicht.
»Es wäre toll, wenn du mir zuhören könntest. Vielleicht wird meine Angst dann kleiner. Ich habe nämlich niemanden zum Reden.«
»Weißt du«, sagst du zu dem Riesen. »Über Angst muss man reden. Auch ich hab manchmal Angst.« Und so erzählst du dem Riesen in aller Ruhe von den Dingen, die dir Angst machen . . .

Danach erzählt der Riese von seinen Ängsten . . . Du hättest nie gedacht, dass ein Riese vor so vielen Dingen Angst haben könnte . . .

Nachdem ihr beiden euch alles erzählt habt, tollt und tobt ihr ganz fröhlich und ausgelassen auf der Wiese herum. Der Riese lässt dich durch die Luft sausen und fängt dich wieder auf. Du darfst an seinem Hosenbein herunterrutschen. Und in seinen Haaren lässt er dich herumwuscheln. Als

dir langsam, aber sicher die Puste ausgeht, machst du eine letzte Rutschpartie und lässt dich erschöpft ins Gras fallen.
»Puhh!«, stöhnst du. »Ich kann nicht mehr!«
»Das war super!«, sagt der Riese. »Es ist doch wunderbar, wenn man einen Freund hat, mit dem man reden und zusammen spielen kann. Komm, ich trag dich heim!«, schlägt er dann vor und streckt seine Hand aus, damit du daraufklettern kannst.
Dankbar lässt du dich von dem Riesen nach Hause tragen.
»Es ist wirklich Klasse, einen Freund wie dich zu haben!«, sagst du zum Abschied. »Ich hätte es sonst kaum noch nach Hause geschafft.«
Der Riese lacht. »Ohne dich würde ich wahrscheinlich immer noch wie ein Häufchen Elend auf der Wiese sitzen und weinen. Also habe ich dir zu danken!«
»›Häufchen‹ ist gut«, sagst du grinsend. »Du warst schon eher ein richtiger Haufen Elend.«
Da lacht ihr beide und verabschiedet euch voneinander.
»Bis bald, großer Riese!«, rufst du, als du das Gartentor hinter dir schließt.
»Bis bald, mein kleiner Freund!«, antwortet der Riese und winkt mit seiner riesigen Riesenhand . . .

Lass uns darüber reden

- Hättest du gedacht, dass auch ein Riese Angst haben kann?
- Vor was genau hatte der Riese Angst?
- Von welchen Ängsten hast du dem Riesen erzählt?
- War es schwierig, davon zu reden?
- Wie gefällt es dir, einen Riesen als Freund zu haben?

Dein Schutzengel

Deine Mutter hat dich gerade darum gebeten, in den Keller zu gehen und ein Glas mit Kirschen heraufzuholen. Heute soll es Pfannkuchen geben – und die mit Kirschen isst die ganze Familie am liebsten.

Doch du hast Angst. Du fürchtest dich so im Dunkeln und im Keller ist es immer besonders unheimlich, findet du. Erst neulich ist dir, als du die steilen Stufen der Kellertreppe vorsichtig hinuntergeschlichen bist, eine kleine Maus über den Weg gelaufen. Eigentlich hast du nichts gegen Mäuse. Aber diese hat dich sehr erschreckt, weil du sie im dunklen Keller erst viel zu spät bemerkt hast. Dir fährt ein richtiger Schauer über den Rücken bei dem Gedanken daran, dass die kleine Maus heute wieder da sein könnte . . .
Viel schlimmer noch sind jedoch die Schatten. Überall lauern Schatten. Und dann diese Stille . . .

Verflixt, Mama ruft dich schon wieder. Du sollst dich bitte beeilen und nicht so herumtrödeln . . .

Vorsichtig öffnest du die Tür zum Keller einen Spalt. Schnell knipst du das Licht am Schalter an, das für deinen Geschmack aber gar nicht hell genug leuchtet. Du spürst die Angst in dir und wie vor lauter Aufregung dein Herz schneller schlägt . . . Es ist aber auch wirklich zu blöd, dass ich so eine verflixte Angst vor dem dunklen Keller habe. Wenn andere Kinder das wüssten, würden sie mich auslachen, denkst du . . .

Trotzdem steht du regungslos auf der obersten Stufe der Kellertreppe. Wenn ich bloß nicht so ein Feigling wäre, geht es dir durch den Kopf . . .

Da legt sich mit einem Mal ganz sanft eine Hand auf deine Schulter. »Keine Angst!«, sagt eine helle, freundliche Stimme. »Du bist ja nicht alleine, ich bin bei dir und pass auf dich auf!«
Erstaunt drehst du dich um. Hinter dir steht ein Engel! Mein Schutzengel, denkst du erleichtert. Und schon spürst du, wie deine Angst immer kleiner und kleiner wird . . . »Ich komme mit dir mit«, sagt der Schutzengel, nimmt dich an der Hand und zusammen marschiert ihr die Stufen hinunter. Schnell findest du das richtige Regal, holst das Glas mit Kirschen und steigst die Stufen wieder nach oben.
Komisch, denkst du. Eigentlich war das überhaupt nicht schlimm! Als du dich bedanken willst, ist der Engel schon wieder verschwunden.

Am Abend liegst du in deinem Bett, Mama hat dir gerade einen Gutenachtkuss gegeben und schaltet nun das Licht aus. Die Dunkelheit fällt über dich und dein Herz beginnt zu klopfen. Da spürst du plötzlich, wie jemand dir die Hand auf die Schulter legt. Dein Schutzengel!
In der Tür fragt Mama: »Soll ich auflassen?«
Dein Schutzengel streicht dir übers Haar.
»Nicht nötig, Mama«, antwortest du und kuschelst dich gemütlich in deine Kissen.
Bevor du einschläfst, denkst du, wie beruhigend es doch ist, wenn man einen lieben Schutzengel hat, auf den man sich jederzeit verlassen kann.

Lass uns darüber reden

- Wie sah dein Schutzengel aus?
- Was würdest du dir von deinem Schutzengel wünschen und wohin sollte er dich begleiten?

Vom Sorgenvogel

Du schlenderst durch einen hellen, freundlichen Wald. Die Blätter rauschen im Wind und die Sonne, die durch die Baumkronen strahlt, malt kleine Muster auf den Waldboden. Der Tag heute war ziemlich anstrengend und dein Kopf ist voller Gedanken. Das bedrückt dich. Traurig setzt du dich auf einen umgefallenen Baumstamm und grübelst . . .

Ganz vertieft in deine Gedanken, hast du gar nicht bemerkt, dass neben dir auf dem Baumstamm ein Vogel gelandet ist. Erst als er ein leises Lied zwitschert, nimmst du ihn richtig wahr. Der Vogel schillert bunt, er hat lange Schwanzfedern und einen gelben Schnabel. Er ist wunderschön und irgendwie übt er eine magische Anziehung auf dich aus. Du betrachtest ihn eine Zeit lang.
Die Augen des Vogels sind freundlich. Dennoch verraten sie, dass er in seinem Leben bereits viel erlebt hat, sehr vieles. Und dabei gab es nicht nur schöne Dinge, sondern auch solche Erfahrungen und Erlebnisse, die ihn traurig gestimmt haben und die mit Ängsten und großer Furcht verbunden waren . . .

»Einen wunderschönen guten Tag wünsche ich dir«, singt der Vogel mit heller, freundlicher und dennoch zurückhaltender Stimme. »Ich hoffe, ich habe dich beim Nachdenken nicht zu sehr gestört.« Du schüttelst den Kopf.
»Weißt du, ich bin schon ein sehr alter Vogel. Die Kinder hier auf der Erde nennen mich auch den Sorgenvogel. Und weißt du, warum?«
Du schüttelst wieder den Kopf.
»Weil man mir alles anvertrauen kann, was einen bedrückt, was einem Sorgen und Kummer bereitet oder auch Angst macht. Ich verrate

niemand anderem davon und behalte alles, was man mir sagt, für mich. So bin ich zu dem Namen *Sorgenvogel* gekommen.«
Still und aufmerksam hast du den Worten des Vogels gelauscht. Auch du hast großes Vertrauen zu dem Sorgenvogel, obwohl du ihn gerade erst kennen gelernt und noch nie zuvor etwas über ihn gehört hast.
»Hast du Lust, einen Rundflug mit mir zu machen?«, fragt dich der Vogel. »Ich werde dich nachher auch wieder wohlbehalten an genau dieser Stelle absetzen. Fest versprochen.«
Ein kleiner Rundflug könnte deine trüben Gedanken sicherlich vertreiben, denkst du und nimmst das freundliche Angebot des Sorgenvogels an.
Der Vogel bittet dich, auf seinem Rücken Platz zu nehmen, und so steigst du auch dort auf. Vorsichtig und sacht hebt sich der Sorgenvogel mit dir auf seinem Rücken in die Luft. Immer höher fliegt ihr hinaus, dem strahlend blauen Himmel entgegen. Alles sieht von hier oben ganz winzig und unbedeutend aus. Auch deine Ängste wirken von hier oben viel kleiner. Und auf einmal beginnst du dem Sorgenvogel zu erzählen. Du berichtest ihm von allen Dingen, die dich bedrücken . . . Und von allem, was dir Angst macht . . .

Ruhig und sehr aufmerksam hört dir der Sorgenvogel zu. Erst als du fertig bist, sagt er: »Schön, dass du mir von deinen Sorgen erzählt hast. Kann ich dir vielleicht bei deinen Problemen weiterhelfen?«
»Vielleicht weißt du einen Rat!«, antwortest du dem Sorgenvogel und erzählst ihm von deinen Gedanken . . .
»Dann lass mich mal in Ruhe überlegen!«, sagt der Vogel und lässt sich mit ausgebreiteten Flügeln durch die Luft treiben . . .

Nach einer ganzen Weile sagt der Sorgenvogel: »Ich glaub, ich weiß nun, wie ich dir helfen kann!« Und dann flüstert er dir etwas ins Ohr, das ganz alleine für dich bestimmt ist und keinen anderen etwas angeht. Aufmerksam lauschst du den Worten des Vogels . . .

Und dann ist es leider an der Zeit, zurückzukehren. Ihr fliegt an dem See vorbei, über den ihr beim Hinflug schon geflogen seid, über die hohen Berge . . . Und immer noch erscheint die Welt winzig klein. Nach einer Weile setzt der Sorgenvogel zur Landung an. Und kurz darauf befindet ihr euch wieder wohlbehalten in dem Wäldchen auf dem Baumstamm, wo ihr euch kennen gelernt habt.

»Danke für alles!«, sagst du erleichtert und gibst dem Sorgenvogel einen vorsichtigen Kuss auf den Kopf. »Du hast mir sehr geholfen!«
»Nichts zu danken!«, antwortet der Vogel. »Und dir viel Glück!«
Dann fliegt der Sorgenvogel davon. Du schaust ihm noch eine Weile nach, selbst als er schon längst am Horizont verschwunden ist . . .

Lass uns darüber reden

- Wie gefiel dir der Sorgenvogel? Wirst du ihm wieder von deinen Sorgen erzählen?
- Wo seid ihr hingeflogen?
- Was hast du dem Sorgenvogel erzählt?
- Magst du ein Bild malen oder dir aufschreiben, was der Sorgenvogel dir ins Ohr geflüstert hat?

Am Kummerbach

Stell dir vor, du machst einen Spaziergang durch den Sommerwald. Du hörst das leise Zwitschern der Vögel und das zarte Rascheln der Blätter. Du nimmst den Duft des Waldes wahr und gehst deines Weges. Die Sonne scheint hell und warm . . .

Du fühlst dich heute nicht so wohl. Viele Gedanken gehen dir durch den Kopf. Vor allen Dingen aber beschäftigt dich die Angst, die du in der letzten Zeit immer öfter hast . . .

Schließlich kommst du an einen kleinen Bach, an dessen Ufer viele schöne Kieselsteine liegen. Du beschließt eine Pause einzulegen und machst es dir am Rand des Bachs gemütlich . . .

Das Wasser des Bachs plätschert leise vor sich hin . . . Plötzlich vernimmst du ein ganz leises, zartes Raunen: »Ich bin der Kummerbach. Vertraue mir all deine Sorgen und Probleme an. All den Kummer und die Ängste, die dich bedrücken . . . Schenk sie mir, ich werde sie weit, weit forttragen . . .«

Der Kummerbach! Davon hat dir deine Großmutter früher einmal erzählt. Es gibt ihn tatsächlich, was für ein Glück! Dem Kummerbach kann man all seine Nöte mitgeben. Man nimmt dazu einfach ein Blatt, das von einem Baum gefallen ist, legt vorsichtig seine Angst oder sein Problem darauf und setzt das Blatt behutsam auf das Wasser des Bachs. Der Kummerbach sorgt dafür, dass alle Probleme und Sorgen weit fortgetragen werden und verschwinden . . .
Und so machst du dich auf die Suche nach Blättern, die hier auf dem Waldboden liegen . . .

Du hast einen großen Haufen Blätter gesammelt und setzt dich wieder an den Kummerbach. Dann suchst du dir ein besonders schönes Blatt heraus und legst ordentlich und vorsichtig eine deiner Sorgen darauf . . . Dieses Sorgenpäckchen setzt du behutsam aufs fließende Wasser und verabschiedest dich von ihm . . .
Dann nimmst du das zweite Blatt, du suchst eines aus, das ganz groß und kräftig ist. Darauf ist Platz für ein besonders großes Problem . . . Du weißt auch schon welches . . . Du platzierst es auf dem Blatt und lässt es sanft ins Wasser gleiten . . . Dieses Blatt schwimmt nicht so mühelos wie das erste. Sicher liegt es daran, dass dieses Problem gar nicht so einfach zu lösen ist. Doch nach einer Weile hat das Wasser auch das große, schwere Sorgenpäckchen mit sich fortgetragen . . .

Und so schickst du alle Ängste, alle Sorgen und eben alles, was dich quält und bedrückt, fort. Weit fort. Denk in aller Ruhe darüber nach, was du dem Bach des Kummers alles anvertrauen möchtest . . .

Während du den schwimmenden Blättern hinterhersiehst, bemerkst du, dass es darunter Blätter gibt, die ganz rasch und mühelos vom fließenden Wasser fortgetragen werden. Aber es gibt auch Blätter, auf denen größere, schwerere Probleme und Sorgen liegen, die nur langsam fortschwimmen. Sie bleiben hier und dort auch manchmal an Steinen und Ästen hängen. Trotzdem nimmt der Kummerbach, wenn du geduldig bist, alles mit sich fort, was du ihm anvertraut hast ...

Schließlich hast du all deine Sorgen auf die Reise geschickt. Jetzt wäschst du dir mit diesem Wasser auch dein Gesicht, um die letzten trüben Gedanken wegzuwischen. Aah, tut das gut. Du spürst das kühle Wasser auf deiner Haut, es kühlt das Gesicht, die Hände ...

Du fühlst dich erleichtert und dein Kopf ist völlig klar ...

Alle Sorgen sind abgeladen und es ist an der Zeit, wieder nach Hause zu gehen. Du schaust noch einmal kurz zurück und machst dich auf den Heimweg ...

Lass uns darüber reden

- Wie hast du dich gefühlt, als du den Kummerbach entdeckt hast?
- Tat es dir gut, deine Sorgen und Probleme dem Bach des Kummers anzuvertrauen?
- Würdest du den Kummerbach gerne wieder einmal aufsuchen, wenn es dir nicht so gut geht und du deine Sorgen für eine Weile loswerden möchtest?

Mein geheimes Versteck

Heute ist dein Pechtag. Du hast dich mit deinem besten Freund gestritten. Er hat richtig böse Wörter zu dir gesagt. Das hat dir natürlich schlechte Laune bereitet. Und dann beim Mittagessen haben Mama und Papa an dir herumgenörgelt und mit dir geschimpft. Ständig fällt ihnen was Neues ein, was du falsch gemacht hast. Alle sind böse auf mich, denkst du traurig . . . Und da ist sie wieder, diese Angst. Diese Angst, alles falsch zu machen.

Du gehst raus an die frische Luft. In Gedanken versunken, spazierst du durch die Felder bis zum Waldrand.
Da entdeckst du plötzlich etwas abseits vom Weg ein Baumhaus. Das Baumhaus sieht sehr einladend aus. Also zögerst du nicht lang und kletterst die Leiter hinauf nach oben . . .

Ist das vielleicht schön hier und vor allem so gemütlich. Auf dem Boden liegt eine warme, weiche Decke, die aus vielen bunten Flicken und Stoffresten genäht wurde. Darauf liegen ein paar Kissen in verschiedenen Größen. Außerdem findest du noch eine kleinere Kuscheldecke. Durch die Fenster des Baumhauses fällt das helle, freundliche Licht der Sonne hinein. Und von hier oben hat man eine tolle Aussicht. Du stellst dich an ein Fenster und blickst hinaus . . .
Dann machst du es dir auf der bunten Decke gemütlich, kuschelst dich in die Kissen und legst dir die andere Decke über die Beine . . .
Während du daliegst, kommt es dir vor, als würden deinen Sorgen und Ängsten kleine Flügel wachsen. Die kleinen Flügel wachsen und werden immer größer, bis sie kräftig genug sind, um die schwere Last deiner Sorgen mühelos tragen zu können. Du staunst. Eine Sorge nach der nächsten

fliegt auf den Flügeln auf und davon. Eine nach der anderen. Verwundert und sehr erleichtert blickst du ihnen nach . . .

Mit einem Mal fühlst du dich wieder wohl und befreit. Dein Kopf ist angenehm kühl und deine Gedanken wieder ganz leicht . . .
Du spürst, wie entspannt du auf der bunten Decke liegst. Nichts stört dich dabei. Du hörst das leise Zwitschern eines Vogels, der irgendwo ein ganzes Stück über dir in der Baumkrone sitzt und für dich singt. Ansonsten ist es hier in deinem Baumhaus vollkommen ruhig und still . . .
Schwer und wohlig warm liegst du in dem Baumhaus und freust dich, dass du dieses kleine Versteck ausfindig gemacht hast . . .
Du schließt deine Augen und beginnst zu träumen. Du träumst den Traum vom großen Glück . . .

Als du deinen Traum schließlich zu Ende geträumt hast, geht es dir so gut wie nie zuvor. Du fühlst dich voller Kraft und Energie.
Ach, denkst du, es ist so wunderbar, ein geheimes Versteck gefunden zu haben, in das man sich jederzeit zurückziehen kann, wenn man den Wunsch danach verspürt!
Da hörst du plötzlich die Stimmen deiner Eltern, wie sie aufgeregt nach dir rufen. Sie machen sich Sorgen! Und vorhin dachtest du noch, keiner hat dich lieb . . .

Erleichtert und glücklich kletterst du von deinem Baumhaus die Leiter wieder nach unten. Schritt für Schritt . . . Unten angekommen, läufst du deinen Eltern entgegen, die dich liebevoll in ihre Arme schließen und unendlich froh darüber sind, dass sie dich gefunden haben!
»Aber beim nächsten Mal sagst du Bescheid, damit wir wissen, wo wir dich finden können.«, sagt Mama und gibt dir einen dicken Kuss auf die Wange. Arm in Arm geht ihr drei dann zusammen nach Hause zurück . . .

Lass uns darüber reden

- Wo hast du dein Baumhaus gefunden? War es weit von zu Hause entfernt?
- Was hast du von dort oben alles gesehen?
- Wie gefiel es dir, dass deinen Sorgen und Ängsten plötzlich Flügel wuchsen?
- Was hast du dabei gedacht und empfunden?
- Würdest du jemandem von deinem Baumhaus erzählen?

Unsichtbar

Schließe deine Augen und stell dir doch mal vor, du könntest zaubern. Jedes Mal, wenn du von Angst oder Sorgen geplagt wirst, zauberst du »Hokuspokus Fidibus – dreimal schwarzer Kater« und schwupp bist du verschwunden, vollkommen unsichtbar. Deine Ängste und deine Sorgen werden dich vergeblich suchen . . .

Aber nicht nur für die Angst und die Sorgen bist du nicht zu sehen, sondern auch für alle anderen nicht. Du kannst nun auf leisen Sohlen durch die Wohnung schleichen und niemand wird dich entdecken . . .

Ist das nicht toll? Wünscht sich das nicht jeder? Einmal unsichtbar zu sein und heimlich belauschen zu können, was die anderen tun, sagen und machen . . .

Du kicherst, als deine Angst und deine Sorgen beginnen, dich im ganzen Zimmer zu suchen. In jeder Ecke sehen sie nach dir, natürlich ohne Erfolg . . . Sie suchen im Schrank nach dir . . . Sie wühlen zwischen den T-Shirts und den Socken. Hinter der Tür . . . Hinter dem Vorhang . . . Unter der Bettdecke . . . Sie kriechen unters Bett und sie suchen in der Nachttischschublade. Ja, sogar unter dem bunten Flickenteppich, der vor deinem Bett liegt . . .

Du schaust ihnen in aller Ruhe dabei zu und freust dich wie ein kleiner König darüber, dass dich die beiden nicht ausfindig machen können. Obwohl du mitten im Zimmer stehst . . .

Die Angst und die Sorgen werden langsam rasend vor Wut. Sie schreien, rufen dich und toben wütend im Zimmer herum – doch dich lässt das völlig kalt. Leise lachst du dir ins Fäustchen und bist unendlich dankbar, dass du dich einfach so im Handumdrehen unsichtbar machen kannst . . .

Verzweifelt stellen die beiden die Suche schließlich ein. Ratlos stehen sie da, bis sie sich plötzlich, du kannst deinen Augen kaum trauen, in nichts auflösen. Zurück bleibt eine kleine Rauchschwade, die aus deinem Kinderzimmerfenster fliegt . . .

Erleichtert atmest du tief durch, nachdem du das Fenster fest verschlossen hast, und zauberst dich wieder sichtbar. Es ist doch wirklich großartig, wenn man zaubern kann, denkst du und hüpfst fröhlich aus dem Zimmer . . .

Lass uns darüber reden

- Hast du dir vorher schon einmal gewünscht, unsichtbar zu sein?
- In welchen Situationen wärst du gerne unsichtbar?
- Bist du jetzt erleichtert, nachdem du deine Angst und deine Sorgen zum Fenster hast hinausfliegen sehen?

Das kleine Gespenst

Stockdunkel ist es schon, der Mond leuchtet hell in dein Zimmer hinein und du liegst gemütlich in deinem Bett. Aus irgendwelchen Gründen kannst du nicht einschlafen. Du lauschst in die Stille und dir ist, als ob du ein leises Schluchzen vernehmen würdest. Das Schluchzen wird lauter und lauter. Es scheint hinter der Gardine herzukommen. Vorsichtig schlüpfst du aus deinem Bett heraus und schleichst in Richtung Fenster. Als du den Vorhang ein Stück zur Seite ziehst, sitzt da ein kleines Gespenst auf dem Fensterbrett und schluchzt. Dicke Tränen kullern über seine Wangen. Als es dich sieht, schnäuzt es sich geräuschvoll in sein Taschentuch.

»Was ist denn mit dir los?«, fragst du das kleine Gespenst mitleidig und hockst dich neben es auf das Fensterbrett. »Tut dir was weh?«

»Nein«, schluchzt das Gespenst. »Es ist nur . . . Es ist weil . . . Ich habe so schrecklich große Angst davor, dass mich die großen Gespenster auslachen. Ständig hänseln und verspotten sie mich, nur weil ich nicht so laut spuken kann wie sie.« Und dann beginnt das kleine Gespenst wieder zu weinen.

»Na und?«, fragst du erstaunt. »Das ist doch nicht weiter schlimm. Sicherlich kannst du dafür andere Dinge, die die großen Gespenster nicht so gut können, oder?«

»Hm, lass mich mal überlegen!«, sagt das kleine Gespenst und hört auf zu weinen. Still sitzt es da und überlegt angestrengt.

»Ja, mir ist was eingefallen!«, sagt das kleine Gespenst zögernd. »Weil ich so klein bin, passe ich viel besser durch die Schlüssellöcher von geschlossenen Türen hindurch. Das große Gespenst Gustav ist erst neulich im Türschloss mit seinem Gewand hängen geblieben und hat es zerrissen. Sein Gespensterpapa hat es zwar genäht, aber nun sieht es mit den Flicken längst nicht mehr so gruselig und gespenstisch aus!«

»Siehst du!«, sagst du zu dem kleinen Gespenst. »So ist das eben. Es gibt Sachen, die man besonders gut kann und Dinge, die einem nicht so liegen. Manche davon sollte man fleißig üben, damit man sie eines Tages besser kann. Auf keinen Fall ist es fair, sich über die Schwächen eines anderen lustig zu machen. Schließlich hat jeder seinen Schwachpunkt, wie du gerade selbst festgestellt hast.«

»Vielleicht hast du Recht«, sagt das kleine Gespenst und wiegt nachdenklich seinen Kopf hin und her. »Aber wie soll ich das den anderen klarmachen?«
Du überlegst kurz, dann hast du eine Idee: »Wie wäre es denn, wenn du den anderen Gespenstern zur Geisterstunde einfach mal davonfliegst, weil du so klein und flink bist? So schnell, durch die kleinsten Ritzen und Türschlösser, dass keiner dir folgen kann. Was glaubst du, wie die anderen staunen werden! Und sicher werden sie es sich später dreimal überlegen, ehe sie dich hänseln, weil du nicht laut genug spuken kannst.«
Das Gespenst strahlt dich an. »Das ist vielleicht eine tolle Idee. Denen zeige ich's. Die werden sich noch wundern.«
»Na klar!«, erwiderst du.
»Vielen, vielen Dank für deine Hilfe!«, ruft das kleine Gespenst überglücklich und verschwindet schon halb im Schlüsselloch. »Morgen komme ich wieder, um dir alles zu berichten. Und – falls auch du mal ein Problem hast – vielleicht kann ich dir ja helfen!«
Und huii – ist das kleine Gespenst im Handumdrehen durch das Schlüsselloch deiner Kinderzimmertür verschwunden . . .

Lass uns darüber reden

- Was hast du gedacht, als du das weinende Gespenst hinter deiner Gardine entdeckt hast? Kennst du solche Situationen?
- Wann hast du dich das letzte Mal so traurig gefühlt?
- Könntest du dir vorstellen, dem kleinen Gespenst auch mal von deinen Ängsten zu erzählen?
- Was kannst du besonders gut?

Meine Angst

Wenn du nun deine Augen schließt, um mir eine Weile zuzuhören, horch doch mal ganz tief in dich hinein ...
Sicherlich gibt es auch in dir eine bestimmte Sache, die dir Angst macht. Vielleicht gibt es aber auch mehrere Dinge, vor denen du dich fürchtest und die dir so richtig unheimlich sind. Lass dir ruhig ein paar Minuten Zeit, um in aller Ruhe darüber nachzudenken ...

(ca. 2 bis 3 Minuten Pause, mindestens aber eine Minute lang)

Nun hattest du eine ganze Weile Zeit zum Nachdenken. Wie viele Dinge sind dir denn eingefallen, vor denen du dich fürchtest oder vor denen du Angst hast? Ist ein besonders großes Problem dabei?
Dann stell dir diese Angst doch einmal vor. Wie sieht sie aus? So groß wie eine Maus? Hat sie die Größe einer Katze? Oder eher die Ausmaße eines Elefanten? Spürst du sie mehrmals am Tag oder nur einmal in der Woche? Kannst du dir vorstellen, dass auch andere Menschen unter dieser gleichen Angst leiden wie du?

Jetzt stellst du dir vor, dein Atem hätte magische Kräfte. Du siehst deine Angst wie ein richtiges Bild, vielleicht sogar wie eine Statue vor dir. Da steht sie, deine Angst, und du atmest ganz ruhig und regelmäßig ein und aus ... Ein und aus ... Und bei jedem Mal, wenn du ausatmest, schwebt dein magischer Atem zu deiner Angst und radiert sie ein Stück weg ...
Ganz entspannt und ruhig strömt dein Atem in dir ein und aus ... Und radiert wieder ein Stück deiner Angst einfach fort, so als wäre es nie da gewesen ...
Und deine Angst wird immer kleiner und verliert an Größe ...

Dein magischer Atem radiert unermüdlich Stück für Stück von deiner Angst fort . . . Immer mehr . . .

Und noch ein kleines Stück . . .

Von deiner Angst ist kaum noch etwas übrig . . .

Und schließlich hast du es mit Hilfe deines magischen Atems geschafft: Die Angst ist verschwunden!!!

Du fühlst dich völlig frei und erlöst . . . Spür in dich hinein, wie gut das tut. Ganz ohne Angst . . . ein schönes Gefühl.

Lass uns darüber reden

- Welche Angst hast du mit deinem magischen Atem ausradiert?
- Konntest du dir deine Angst gut vorstellen? Wie hat sie ausgesehen?
- Hast du die Angst restlos wegradieren können? Oder ist etwas davon übrig geblieben?

Hab ich Mut, dann geht's mir gut

In unserer heutigen Zeit ist es für Kinder zunehmend schwerer, mit Mut durchs Leben zu ziehen. Es gibt einfach zu viele und zu hohe Ansprüche, die an die Kinder gestellt werden. Außerdem werden Kindergartengruppen und Schulklassen wieder größer, was die Kinder zusätzlich vor Schwierigkeiten stellt. Sie müssen sich behaupten können und mutig genug sein sich in diesen großen Gruppen erfolgreich durchzusetzen und sich zu wehren. Vielen Kindern fehlt jedoch der Mut dazu.

Die in diesem Kapitel enthaltenen Geschichten sollen die Kinder stärken und ihnen Mut machen. Sie bilden eine sinnvolle Ergänzung zu den Geschichten gegen die Angst und jenen zur Stärkung des Selbstbewusstseins.
An Sie möchte ich appellieren, Ihr Kind in seinen Fähigkeiten zu bestätigen und es dann und wann richtiggehend »anzufeuern«. Arbeiten Sie dabei wie der Hase in der folgenden Geschichte mit einem formelhaften Vorsatz. Lassen Sie Ihr Kind in verschiedenen Situationen immer wieder einen einprägsamen Satz wiederholen, wie zum Beispiel: »Hab ich Mut, dann geht's mir gut«. Animieren Sie Ihr Kind sich diesen Satz auch selbst möglichst oft vorzusagen. Leitsätze dieser Art wirken wie Zauberformeln, sie verhelfen zu einer positiven inneren Einstellung und Grundhaltung.

Der mutige Hase

Wenn du deine Augen nun schließt, stell dir vor, du bist auf einer schönen Wiese. Du musst daran denken, dass dich ein Freund oder eine Freundin heute Morgen schrecklich ausgelacht hat, weil du dich nicht getraut hast im Schwimmbad vom Einmeterbrett zu springen. Es war ein scheußliches Gefühl. Aber als du auf dem Brett ganz vorne an der Absprungkante gestanden hast, hat dich auf einmal aller Mut verlassen und das Wasser unter dir sah mit einem Mal so furchtbar tief aus. Du hattest Angst. Schließlich haben deine Beine so gezittert, dass du mit gesenktem Blick wieder von dem Sprungbrett geklettert bist . . .

Du denkst daran, dass dies nicht die einzige Sache ist, für die dir der Mut fehlt. Immer öfter, genau dann, wenn es drauf ankommt, verlässt dich der Mut . . .
Du grübelst und immer mehr Situationen fallen dir ein, in denen dich die Angst überfällt. Du legst dich traurig ins Gras und starrst in den Himmel . . .

Auf einmal sitzt ein kleiner Hase neben dir. Du hast ihn gar nicht kommen hören, weil du so in deine Gedanken vertieft warst.

»Hallo!«, begrüßt dich der kleine Hase freundlich. »Du hast so traurig ausgesehen, da wollte ich mal fragen, ob ich dir nicht vielleicht helfen kann.«
Der kleine Hase guckt dich mit so lieben Augen an, dass du ihm von deinen Sorgen erzählst.
»Du bist traurig, nur weil dir ab und zu der Mut fehlt?«, fragt der kleine Hase erstaunt. »Das geht doch jedem so. Jeder hat irgendwann einmal Angst. Das ist doch nichts Außergewöhnliches. Ich zum Beispiel habe

furchtbare Angst vor Wasser und habe mich lange Zeit nicht getraut, über einen Bach zu springen. Die anderen Hasen haben sich darüber natürlich lustig gemacht. Und ich fühlte mich richtig schlecht. Da hat mir meine Schwester einen tollen Trick verraten. Und zwar sag ich mir jetzt jedes Mal, wenn ich nicht genug Mut habe: **Hab ich Mut, dann geht's mir gut.** Und es klappt! Manchmal muss ich mir das auch mehrmals hintereinander sagen. Aber bisher hatte ich damit immer Erfolg. Probier es doch auch mal aus!«

Du zweifelst daran, dass dieser Spruch dabei helfen soll, richtig mutig zu sein. Aber der Hase lässt dir nicht viel Zeit, um darüber nachzudenken. »Komm mit, ich werd's dir schon zeigen«, ruft er und hoppelt davon.
Du rennst hinterher, so schnell du kannst, und holst den Hasen erst ein, als er an einem Bach stehen bleibt. Du lachst und rufst: »Ätsch, hier geht's nicht mehr weiter!«
»Von wegen!«, antwortet der Hase und nimmt Anlauf, um über den Bach zu springen. »Und jetzt du!«, ruft er vom anderen Ufer.
Ach herrje, denkst du und schaust dich um, ob nicht doch ein kleiner Steg über das Wasser führt oder wenigstens ein großer Stein, der aus dem Wasser ragt, auf den du treten könntest.
»Los spring!«, ruft dir der kleine Hase ungeduldig zu.
Okay, denkst du und überlegst. Was soll man noch mal sagen?
Du stellst dich an den Rand des Bachs und schließt die Augen, um dich zu konzentrieren. Ganz ruhig atmet es in dir . . . **Hab ich Mut, dann geht's mir gut . . . Hab ich Mut, dann geht's mir gut** . . . Und noch einmal: **Hab ich Mut, dann geht's mir gut** . . . Und dann – hopp – nimmst du all deinen Mut zusammen und springst über den Bach.
»Juhu, du hast es geschafft!!!«, jubelt dir der kleine Hase zu und springt fröhlich um dich herum . . . Auch du bist unendlich stolz! Vor lauter Begeisterung probierst du es gleich noch einmal und stellst dich wieder

an den Rand des Wassers: **Hab ich Mut, dann geht's mir gut . . . Hab ich Mut, dann geht's mir gut . . .** Und kaum hast du den Satz zu Ende gedacht, bis du schon gesprungen!

Du gibst dem kleinen Hasen einen dicken Kuss als Dankeschön und verabschiedest dich von ihm. Er winkt dir noch eine ganze Weile nach und hoppelt dann in die andere Richtung davon . . .

Hab ich Mut, dann geht's mir gut . . . Hab ich Mut, dann geht's mir gut . . ., denkst du immer wieder, während du dich auf den Heimweg machst . . .

Lass uns darüber reden

- Hattest du zu dem kleinen Hasen Vertrauen?
- Was hast du gefühlt, als er dir von seinen Problemen erzählt hat?
- Hast du Lust dir aufzuschreiben oder zu malen, welche Dinge du gut kannst und wofür du genug Mut hast? Schreibe auf ein anderes Blatt die Sachen, für die dir der Mut fehlt, und vergleiche die beiden Listen miteinander? Welche ist länger?
- Wirst du den Spruch wieder benutzen? In welcher Situation könnte er dir helfen?

Mein Teddybär ist immer da

Schließe nun deine Augen und stell dir dann einmal vor, heute Morgen hat dich in einer bestimmten Situation wieder der Mut verlassen . . . Manchmal kommst du dir vor wie ein kleiner Angsthase!

Traurig kuschelst du dich in dein Bett. Viele Gedanken gehen dir durch den Kopf und du überlegst, wie du wohl mutiger werden könntest. Aber so einfach ist das leider nicht. Schließlich kann man Mut nicht einfach kaufen, so wie ein Pflaster oder eine Flasche Saft. Mut gibt es nicht im Supermarkt . . .

Auch Ausleihen geht nicht! Jedenfalls hast du noch nie davon gehört, dass jemand sich von einem Freund Mut ausgeliehen hat . . .
Mut hat man oder man hat ihn eben nicht, denkst du mit einem Kloß im Hals . . .

Da stupst dich dein Teddybär an, der neben dir im Bett sitzt. Ihr kennt euch schon lange – du und dein Teddybär. Solange du denken kannst . . .
»Nicht traurig sein!«, flüstert dir dein Teddybär leise ins Ohr. »Mutig sein ist eigentlich gar nicht so schwer, wie du glaubst!«
»Das sagst du!«, grummelst du vor dich hin. »Ein Bär hat eben keine Angst! Ich bin aber ein Kind.«
»Pass mal gut auf!«, antwortet der Teddybär. »Es ist ein Geheimtipp, aber ganz einfach: Du musst immer wieder an die vielen Dinge denken, die du richtig gut kannst. Dinge, für die du genug Mut aufbringst. Diese Dinge musst du dann und wann einfach aufzählen.«
Du denkst eine ganze Weile angestrengt nach . . . Da gibt es so einiges, was du gut kannst . . .

Tatsächlich sind dir inzwischen einige Dinge eingefallen, die du wirklich prima beherrschst und ohne Schwierigkeiten erledigen kannst. Zögernd erzählst du deinem Teddy davon. Und dann fällt dir immer mehr ein und mehr. Es sprudelt nur so aus dir heraus . . .

»Na, siehst du!«, sagt der Teddy. »Und diese Dinge kannst du sicherlich nicht schon von Geburt an, sondern du hast sie im Laufe deines Lebens dazugelernt, weil du mutiger und größer geworden bist. Hab einfach etwas mehr Geduld und lass dir Zeit. Früher oder später wirst du auch für die anderen Dinge genug Mut aufbringen. Ganz bestimmt!«

Das Gespräch mit deinem Teddybären hat dir zu denken gegeben. Und so nimmst du dir vor, es beim nächsten Mal auszuprobieren. Wenn du Angst hast, denkst du einfach an all die Dinge, vor denen du keine Angst hast. Inzwischen sind dir noch eine ganze Reihe anderer Sachen eingefallen, die du ganz besonders gut kannst . . .

Lass uns darüber reden

- Mach dir eine Liste mit allen Dingen, die du gut kannst und bei denen dich nicht der Mut verlässt.
- Ergänze die Liste regelmäßig, wenn du wieder eine Sache dazugelernt hast. Du wirst staunen, wie oft du etwas dazuschreiben kannst.
- Frag mal deine Mama, deinen Papa oder auch Oma und Opa, vor was sie Angst haben. Du wirst sehen, selbst die »Großen« haben Ängste.

Der Flaschengeist

Du machst einen schönen Spaziergang am Strand entlang. Es ist ein sonniger Tag und der Himmel ist strahlend blau, wie es sich für solch einen Tag eben gehört . . .
Mit deinen nackten Füßen gehst du durch den weichen, warmen Sand. Du spürst, wie der Sand durch deine Zehen hindurchrieselt und dich zärtlich kitzelt . . .
Du hörst das leise Rauschen des Meeres und fühlst dich ganz wohl und geborgen. Dennoch musst du immer wieder daran denken, dass du oft zu ängstlich bist und dir häufig der Mut fehlt Dinge zu tun, vor denen die anderen keine Angst haben.

Während du so in Gedanken versunken durch den Sand schlenderst, entdeckst du plötzlich eine Flasche, die mit einem Korken verschlossen ist. Darin liegt ein zusammengefalteter Zettel. Eine Flaschenpost! Was für ein Glück, denkst du und hebst sie auf. Neugierig machst du dich an dem Korken zu schaffen. Nach einer Weile springt er mit einem Plopp heraus. Du hörst ein leises Zischen und eine kleine Wolke steigt auf . . .

Vor dir schwebt ein lustiger Geist, der aussieht wie eine große, weiße Wolke. »Du hast mich gerufen. So sage mir, was ich für dich tun kann!«, gluckst der Geist aus der Flasche mit heller Stimme.

»Gerufen hab ich dich eigentlich nicht«, sagst du. »Ich wusste ja nicht, dass du in der Flasche steckst. Aber jetzt, wo du schon mal hier bist: Kannst du mich wohl etwas mutiger machen? Ich würde so gerne richtig mutig sein und nicht mehr vor so vielen Sachen Angst haben.«

»Mutiger willst du werden? Du bist doch schon mutig, sonst wärst du ja vor mir davongelaufen. Bisher hat sich fast jeder so vor mir erschreckt, dass er schnell das Weite gesucht hat. Du bist der Erste, der bleibt!«, sagt der Flaschengeist. »Magst du mir erzählen, bei welchen Dingen du mehr Mut gebrauchen kannst?«

Du überlegst eine Weile, aber da du dem freundlichen Flaschengeist vertraust, erzählst du ihm von deinen Sorgen . . .

»Okay, das kann ich gut verstehen!«, sagt der Flaschengeist, nachdem er deinen Worten ganz aufmerksam gelauscht hat. »Ich werde dir darum etwas mehr Mut mitgeben . . .«

Und ehe du dich versiehst, fühlst du dich wie in eine warme, wohlige Wolke gehüllt. Um dich herum blinken und leuchten viele, kleine Sterne . . .

»Hab ich Mut, dann geht's mir gut! Hab ich Mut, dann geht's mir gut!«, hörst du den Flaschengeist leise vor sich hin murmeln . . .

Da spürst du auch schon, wie neue Kraft in dir fließt und der Mut in dir wächst.
»Denke immer an den Zauberspruch: **Hab ich Mut, dann geht's mir gut!** Dann wird dir nichts passieren«, flüstert der Geist dir zu.
Du wiederholst den Spruch leise: »**Hab ich Mut, dann geht's mir gut.**«

Der Flaschengeist nickt ernst, dann bittet er dich, ihn wieder in die Flasche zu lassen und diese fest verschlossen zurück ins Meer zu werfen. So wird er irgendwann von einem anderen Menschen gefunden werden, der vielleicht auch seine Hilfe brauchen kann.
Du bedankst dich herzlich, dann verschwindet der Geist wieder in der Flasche, die du mit dem Korken verschließt und in hohem Bogen ins Wasser wirfst. »Gute Reise und vielen, vielen Dank!«, rufst du der Flasche nach, bevor sie unter einer der Wellen im tiefen, blauen Meer verschwunden ist . . .
»**Hab ich Mut, dann geht's mir gut**«, flüsterst du und machst dich glücklich und sehr zufrieden auf den Heimweg.

Lass uns darüber reden

- Würdest du gerne einen solchen Flaschengeist treffen?
- Was würdest du dir von ihm wünschen?
- Wie hast du die Kraft und vor allen Dingen den Mut in dir gespürt?
- War es leicht für dich, den Geist wieder gehen zu lassen?
- Wie fühlst du dich nach dieser Begegnung?

Reise auf dem fliegenden Teppich

Du stehst in einem wunderschönen Garten. Hier wachsen ganz phantastische Blumen in allen Farben. Schmetterlinge flattern über das Blütenmeer. Du schlendert gemütlich über den weichen Rasen und träumst vor dich hin . . .

Auf einmal entdeckst du am blauen, ganz wolkenlosen Himmel etwas, das langsam näher kommt . . . Was könnte das sein? Dieses Etwas kommt näher und näher. Es fliegt ganz ruhig.
Schließlich ist es so nah, dass du erkennst: Es ist ein Zwerg, der aussieht, als käme er aus dem Märchenland. Wunderschön glänzen und glitzern seine Kleider im Licht der warmen Sonne. Das Faszinierendste aber ist, dass dieser märchenhafte Zwerg auf einem Teppich sitzt. Auf einem richtigen fliegenden Teppich! So etwas hast du noch nie gesehen. Und nun landet der Zwerg in einiger Entfernung bei dir im Garten. Du kannst es nicht fassen. Atemlos rennst du zu dem Zwerg und seinem Teppich hin.

»Hallo!«, begrüßt dieser dich ganz freundlich. »Was würdest du von einem Rundflug auf meinem fliegenden Teppich halten?«
»Prima!«, jubelst du begeistert und wartest nicht lange, sondern steigst sofort auf. Der Zwerg macht eine verschnörkelte Handbewegung und der Teppich hebt sich sanft in die Lüfte. Ganz vorsichtig steigt ihr in Richtung Sonne auf. Der Garten und alles andere, was man von hier oben aus sieht, wird immer kleiner und kleiner . . .

Ganz entspannt kuschelst du dich auf den Teppich, verschränkst die Hände hinter deinem Kopf und schaust in den blauen Himmel hinein. Nichts kann dich stören. Angenehm schwer fühlt sich dein Körper an und die

Strahlen der Sonne wärmen dich auf wunderbare, zärtliche Weise . . . Schließlich fallen dir die Augen zu und du träumst eine Weile vor dich hin . . .

Als du die Augen wieder aufschlägst, lächelt dir der märchenhafte Zwerg entgegen. »Na, ausgeschlafen?«, fragt er und zwinkert dir zu. »Hast du Lust den Teppich zurückzusteuern?«
»Ich?!«, fragst du ganz entgeistert und merkst, wie deine Knie weich werden. Wieder einmal verlässt dich der Mut.
»Es ist ganz einfach!«, erklärt der Zwerg. »Das Wichtigste ist, dass du deine Angst vergisst und dich beim Fliegen konzentrierst. Denn der Teppich fliegt immer in die Richtung, die du ihm durch deine Gedanken mitteilst!«

Eigentlich würdest du den Teppich unheimlich gern einmal selbst steuern, aber du traust dich einfach nicht.
»Warte!«, sagt der Zwerg und kramt in seiner Hosentasche. »Hier, bitte!«, sagt er dann und reicht dir eine kleine durchsichtige Kugel, die an einer kleinen Kette hängt. »Damit wird es ganz sicher klappen!«
»Was ist das?«, fragst du und betrachtest diese merkwürdige Kugel, die glitzert und funkelt.
»Das ist eine kleine Zauberkugel, die Schwäche in Stärke verwandeln kann. Das heißt, wenn du zu ängstlich bist, um den fliegenden Teppich selbst zu steuern, wird sie dir dabei helfen, mutig genug zu sein, sodass du es schaffst. Du musst dir die Kette einfach um deinen Hals hängen und die Kugel immer bei dir tragen«, erklärt der Zwerg ernst.
Als du dir die Kette mit der gläsernen Zauberkugel um den Hals hängst, spürst du sogleich, wie deine Angst schwindet und immer kleiner wird. Stattdessen wächst der Mut in dir, der alle Zweifel an deinem Können zunichte macht.
»Ich bin bereit!«, rufst du und denkst ganz fest daran, den fliegenden Teppich in Richtung des Gartens zurückzusteuern. Und siehe da: Es klappt. Du kannst fliegen!!!
Du bist so mutig, dass du sofort beginnst mit dem Teppich Slalomkurven zu steuern. Dann drehst du einen gewagten Looping und probierst weitere sehr mutige Flugmanöver . . .

Das macht Spaß. Dann hast du genug getobt und ruhst dich ein wenig aus. Du steuerst den Teppich ruhig und genießt die Landschaft unter dir . . .
Als du den Garten in der Ferne erblickst, lenkst du den Teppich langsam darauf zu, bis du schließlich zur Landung ansetzt und wohlbehalten im weichen Gras landest.
»Bravo! Klasse! Das war vielleicht mutig! Das hast du wirklich großartig

gemacht!«, hörst du plötzlich Stimmen. Du blickst dich um und siehst zwei Nachbarskinder, die dir entgegenlaufen. Die beiden haben dich schon oft ausgelacht, wenn du nicht genug Mut hattest.
Jetzt haben sie dich beim Fliegen beobachtet und sind ganz begeistert von deinen Flugkünsten. Das freut dich so sehr, dass du ihnen versprichst, sie das nächste Mal mitzunehmen, wenn du wieder auf dem Teppich durch die Lüfte schwebst.

Dem Zwerg dankst du für diese tolle Reise, aber vor allen Dingen für die Zauberkugel. »Wenn ich sie nicht mehr brauche, werde ich sie dir wieder bringen, einverstanden?«, flüsterst du dem Zwerg ins Ohr.
»Einverstanden!«, antwortet er und fliegt mit seinem Teppich wieder in Richtung der untergehenden Sonne davon . . .

Du und die beiden anderen Kinder winken dem Zwerg nach, bis er mit seinem fliegenden Teppich am Horizont verschwunden ist . . .
Dann lauft ihr lachend gemeinsam nach Hause.

Lass uns darüber reden

- Wie gefiel dir der Ausflug?
- Was hat dir am besten gefallen? Der Zwerg? Die Landschaft von oben zu betrachten? Die Loopings? Die Zauberkugel? Die Bewunderung der Nachbarskinder?
- Ist dir die Zauberkugel eine Hilfe gewesen?
- Kann die Kugel dir auch bei anderen Sachen und in anderen Situationen helfen?

Der Löwenbändiger

Stell dir mal vor, du bist mutig . . .
So mutig, dass du einen gefährlichen Beruf ausüben kannst. Du bist ein richtig mutiger Löwenbändiger, der keinerlei Angst hat . . .

So streifst du durch die Steppe und machst dich auf die Suche nach einem gefährlichen Löwen. Die Sonne steht hoch und warm am strahlend blauen Himmel. Keine einzige Wolke ist zu sehen. Der sandige Boden unter deinen Füßen knirscht ganz leise und lässt kleine Staubwolken aus Sand aufwirbeln. Aufmerksam und sehr gespannt hältst du Ausschau. Du bist natürlich auch ein wenig aufgeregt, aber das gehört nun mal dazu . . .

Mit deinem Fernglas beobachtest du die Umgebung. In einiger Entfernung liegt ein Flussbett, das von der Hitze der Sonne fast ganz ausgetrocknet ist. Nur etwas Wasser fließt wie ein kleiner, ganz schmaler Bach hindurch. Das Wasser lockt einige Vögel an, die sich am Ufer niederlassen und durstig von dem Wasser trinken.

Da – war da nicht was?
Dort drüben, hinter dem Strauch!
Vorsichtig und auf leisen Sohlen schleichst du dich ganz mutig dorthin . . .

Tatsächlich, da steht ein großer Löwe mit einer prächtigen Mähne vor dir. Es ist ein sehr schöner Löwe. Sein Fell glänzt im hellen Licht der Sonne. Er brüllt dir laut zu, aber das macht dir keine Angst. Schließlich bist du nicht umsonst ein Löwenbändiger geworden. Du schaust dem Löwen ganz tief und sehr bestimmend in die Augen. Das macht den Löwen unsicher und unruhig. Er brüllt aus Leibeskräften, als wollte er um Hilfe rufen. Doch du

stehst nur da, bleibst ganz ruhig und gelassen. Nichts, aber auch gar nichts kann dich aus der Ruhe bringen. Und ein brüllender Löwe schon gar nicht . . .
Du bestimmst, was getan wird, daran lässt du gegenüber dem Löwen keinen Zweifel . . .

Mit einer deutlichen Handbewegung befiehlst du dem Löwen hinter dem Busch hervorzukommen. Du schaust ihm wieder tief in seine Augen und plötzlich hältst du inne. Der Löwe sieht auf einmal so ängstlich aus. Ein ängstlicher Löwe, denkst du, na, so was!
»Hast du etwa Angst vor mir?«, fragst du den Löwen, der immer noch zögert und sich nicht hinter dem Busch hervortraut.
Mit gesenktem Blick nickt der Löwe und schaut dich scheu an.
»Aber du bist doch ein richtiger Löwe, warum hast du denn vor mir Angst? Ich bin doch viel kleiner als du und längst nicht so stark?«
»Du hast mich mit so bösen Augen angesehen«, erklärt der Löwe leise.
»Wirklich?«, fragst du erstaunt.
»Wirklich!«, sagt der Löwe und dann fangt ihr beide an zu lächeln.
»Komm!«, rufst du dem Löwen lachend zu. »Du wirst sehen, dass man vor mir keine Angst zu haben braucht.«
Und da traut sich der Löwe auch endlich hinter dem Busch hervor. Du gehst langsam auf ihn zu und stellst dich neben ihn. Dann kraulst du dem Löwen liebevoll seine wuschelige Mähne.
»Soll ich dir die Gegend zeigen?«, fragt dich der Löwe, der inzwischen seine Angst vor dir verloren hat.
»Oh ja!«, rufst du begeistert.
Der Löwe bittet dich auf seinem Rücken Platz zu nehmen und gemeinsam reitet ihr los und erkundet die Umgebung . . .

Es dauert nicht lange, da trefft ihr auf einen anderen Löwen, der ganz

grimmig dreinschaut. Du merkst, wie das Herz des Löwen zu pochen beginnt.
»He!«, flüsterst du dem Löwen ganz leise ins Ohr. »Zeig dem anderen nicht, dass du dich fürchtest. Wir schauen ihn einfach ganz böse an und brüllen, so laut wir können!«
Und das tut ihr auch. Du machst ein ganz finsteres Gesicht und der Löwe fletscht die Zähne. Außerdem brüllt ihr, was das Zeug hält. Das hört sich so schaurig an, dass der andere Löwe vor lauter Angst die Flucht ergreift!
Ihr beiden lacht euch ins Fäustchen und der Löwe sagt schließlich: »Es ist doch schön, einen Freund zu haben. Denn zu zweit braucht man sich nicht zu fürchten. Zu zweit ist man nämlich richtig stark und vor allen Dingen mutig!«
»Das stimmt!«, sagst du und kraulst dem Löwen wieder seine Mähne, die im Licht der untergehenden Sonne ganz golden glänzt.

Lass uns darüber reden

- Wie hat es dir in der Steppe gefallen?
- Hast du einen Freund, mit dem zusammen du löwenstark bist? Oder eine Freundin?
- Was war es für ein Gefühl, als du gemerkt hast, dass der Löwe vor dir Angst hat?
- Wie war es, den anderen, grimmigen Löwen gemeinsam in die Flucht zu schlagen?

Du hast mehr Mut, als du denkst . . .

Wenn du nun deine Augen schließt, versuche einen Augenblick lang, dich so zu sehen, als würdest du vor einem Spiegel stehen und dein Spiegelbild betrachten . . .

Überlege, wie du dir gefällst und was du vielleicht lieber an dir ändern würdest . . .

Nun gehe mit deiner Aufmerksamkeit nach innen. Versuche herauszufinden, was du an inneren Eigenschaften nicht an dir magst. Bestimmt gibt es einige Situationen, in denen du mehr Mut gebrauchen könntest . . .

Als Nächstes sollst du darüber nachdenken, welche Dinge du besonders gut kannst. Sicher gibt es viele Sachen, die du gerne tust und die dir leicht fallen, die dir Spaß machen und zu denen du genug Mut hast.
Lass dir Zeit und horche gut in dich hinein, welche Fähigkeiten dir dazu einfallen . . .

Überleg doch nun mal, ob es Freunde von dir gibt, denen zu genau diesen Sachen der Mut fehlt und die in dem Bereich eher ängstlich und sehr vorsichtig sind, obwohl du damit keinerlei Schwierigkeiten hast . . .

Wenn du diese Geschichte gleich beendest, nimm dir mal ein Blatt Papier, das du genau in der Mitte knickst! Dann schreibst du auf die linke Seite all die Dinge, zu denen du genug Mut hast. Auf die rechte Seite schreib dann die Situationen, in denen dir der Mut fehlt. Anschließend kannst du mal vergleichen, ob es mehr Sachen gibt, für die du mutig genug bist, oder ob die Dinge überwiegen, zu denen dir leider noch etwas Mut fehlt . . .

Könntest du dir vorstellen, dass du eine der Sachen, zu denen du keinen Mut hast, dir näher vornimmst und sie mit Hilfe deiner Eltern, deinem besten Freund oder einer Freundin bald doch schaffen wirst? Versuch es mal, es klappt bestimmt. Und das wird dir auch genug Mut machen, um irgendwann andere Dinge, die du dich jetzt noch nicht traust, zu meistern. Schließlich gibt es vieles, das du in deinem Leben nach und nach dazugelernt hast. Als du gerade Laufen gelernt hast, bist du auf dem Spielplatz auch nicht sofort mutig wie ein Löwe auf die höchste Rutsche hinaufgeklettert und ohne Angst heruntergerutscht. Alles klappt zu seiner Zeit, wenn man nur dazu bereit ist. Viel Glück!

Lass uns darüber reden

- Wie viele Dinge sind dir eingefallen, zu denen du genug Mut hast?
- Zu welchen Dingen fehlt dir der Mut?
- Könntest du dir vorstellen, dass du zu diesen Dingen in einiger Zeit schließlich genug Mut haben wirst?
- Würdest du jemanden bitten, dir dabei zu helfen?
- Schau dir mal in Ruhe ein Fotoalbum an, in dem Bilder sind, auf denen du noch kleiner und ungeschickter warst. Welche Sachen, die du jetzt gut kannst, konntest du damals noch nicht?

Ein Wort an die Eltern

Was Sie zu den Geschichten wissen sollten

Sicherlich wissen Sie, wie nötig Kinder während des Tagesablaufs immer wieder kleine Auszeiten brauchen – Pausen zum Entspannen.
Das gilt für Kindergarten- wie auch für Schulkinder. Schließlich gibt es ja im Alltag der Kinder genug Dinge, die auf sie einwirken und von ihnen verarbeitet werden müssen.

Für diese Pausen sind die Entspannungsgeschichten gedacht. Aus ihnen werden Kinder neue Kraft und Energie schöpfen. Wichtig ist, dass die Geschichten nicht erst dann eingesetzt und vorgelesen werden, wenn die Kinder unter den darin angesprochenen Problemen bereits leiden, sondern schon im Vorfeld als Präventionsarbeit.

Eine gute Zeit für eine kleinere Pause, in der Sie eine Entspannungsgeschichte vorlesen können, ist beispielsweise der Mittag, wenn die Kinder aus dem Kindergarten oder der Schule nach Hause kommen und in der Regel ziemlich geschafft sind. Im Anschluss werden sich die Kinder nicht nur wieder herrlich fit fühlen, sondern sie können auch konzentriert und mit Aufmerksamkeit ihre Hausaufgaben erledigen!
Auch am Abend vor dem Schlafengehen, zum Beispiel an Stelle der sonst üblichen Gutenachtgeschichte, bieten sich die Entspannungsgeschichten sehr gut an. Denn gerade zu diesem Zeitpunkt kommen die Ereignisse

des Tages wieder auf, die die Kinder am Einschlafen hindern. Die in diesem Buch enthaltenen Geschichten helfen den Kindern nicht nur schneller und sanfter zu schlafen, sondern sie führen auf Dauer auch zu einem tieferen und erholsameren Schlaf. Versuchen Sie diese Entspannungseinheiten zum festen Bestandteil Ihres Tagesablaufs werden zu lassen. So werden diese als ganz »normal« angesehen und bald zur täglichen Gewohnheit wie beispielsweise das Zähneputzen.

Je regelmäßiger Sie diese Geschichten vorlesen und anwenden, desto schneller und gezielter werden die Kinder von Mal zu Mal zur Ruhe kommen und dabei die positive Wirkung der Geschichten spüren können. Bei regelmäßigem Vorlesen wird es Ihren Sprösslingen bald möglich sein, wirklich die Kraft und Energie, die sie für den Tag brauchen, aus den Geschichten herauszuziehen!

Ganz wichtig dabei ist, dass Sie nichts übers Knie brechen und sowohl sich als auch Ihrem Kind viel Zeit lassen. Geben Sie die Hoffnung nicht sofort auf, wenn es bei der ersten Entspannungsgeschichte nicht gleich klappt. Stress und seine Folgen lassen sich nur ganz langsam – Stück für Stück – und mit viel Geduld abbauen. Schließlich haben sich die Folgen von zu viel Belastung, Leistungsdruck und Hektik auch nicht von heute auf morgen bemerkbar gemacht. Dies ist in der Regel ein längerer Prozess, währenddessen der Körper regelmäßig kleine Signale sendet, die wir oftmals nicht hinreichend beachten.
Davon ganz abgesehen, sollen die Geschichten den Kindern beim Entspannen helfen und nicht zusätzlichen Druck auf sie ausüben. Sie wollen den Kindern schließlich harmonische, entspannte Pausen mit Hilfe der Geschichten schenken. Leistungsdruck und Anforderungen stellt das Leben schon genug an uns und unsere Kinder!

Vergessen Sie nicht Ihre Vorbildfunktion. Gönnen Sie selbst sich überhaupt regelmäßig bzw. täglich Pausen, in denen Sie nur etwas für sich selber tun und neue Kraft sammeln? Sind Sie mit einer Entspannungsmethode, wie beispielsweise mit dem Autogenen Training, vertraut und wenden diese täglich an? Oder finden Sie diese Entspannungseinheiten nur für Ihre Kinder wichtig?
Aus meiner langjährigen Erfahrung als Kursleiterin diverser Entspannungskurse und Fortbildungsseminare in der Entspannungsarbeit für Kinder kann ich Ihnen dazu nur sagen: Die Kinder lernen am besten von Ihnen! Sie werden auch nur die Dinge erfolgreich annehmen, hinter denen Sie mit Herz und Seele stehen.
Zweifeln Sie beispielsweise an der Wirkung solcher Geschichten, werden Sie den Kindern diese auch nur mit mäßigem Erfolg nahe bringen können!
Vielleicht motiviert Sie dieses Buch ja, selber einen Entspannungskurs zu besuchen, um zu erfahren, wie hilfreich diese Dinge sein können.

Anmerkungen zur Vorlesesituation

Nehmen Sie sich ausreichend Zeit zum Vorlesen der Geschichten, aber auch dafür, sich einzustimmen, es sich gemeinsam gemütlich zu machen und im Anschluss in Ruhe über die Erlebnisse und Gefühle zu sprechen.
Dabei ist es wichtig, dass Sie selbst innerlich vollkommen ruhig sind und nicht ständig an Dinge denken, die Sie gleich noch unbedingt erledigen müssen! Auch ist es ratsam, sich die Geschichten vorher durchzulesen und eine Auswahl der Geschichten zu treffen, die dem Alter des Kindes und der Situation entsprechen.
Bitten Sie Ihr Kind, bevor Sie mit der eigentlichen Geschichte starten, dass es einen Moment lang in sich geht, um zu spüren, ob es wirklich bequem

liegt und es nichts anderes mehr stört. Anregungen zur Formulierung dieser Einstimmungsphase finden Sie in dem Kapitel »Entspannung – wie geht das?« auf Seite 10.

Die Entspannungsgeschichten werden dann mit ganz ruhiger Stimme erzählt. Lassen Sie zwischen den einzelnen Sätzen einige Sekunden Pause, damit sich die Kinder das Erzählte besser verinnerlichen und bildlich ausmalen können. Sind nach einem Satz » . . .«, dann sollte die Pause etwas länger andauern. Und liegt sogar ein Absatz dazwischen, können geübte Kinder, die bereits Erfahrungen mit diesen Geschichten haben, auch ruhig eine Minute oder gegebenenfalls noch länger in der Stille verharren und diese Pause mit eigenen Gedanken und Vorstellungen füllen!

Nachdem die Geschichte zu Ende ist, sollten Sie den Kindern noch etwa eine Minute Zeit geben, um sich innerlich darauf vorbereiten zu können, dass die Entspannungsphase nun endet.

Wichtig ist, dass Sie jede Geschichte, wenn Sie am Tag vorgelesen wird, mit kräftiger Stimme beenden und das Kind auffordern, aus der Phantasiewelt zurückzukommen. Es sollte sich räkeln, strecken, laut gähnen und die Muskulatur ausspannen. Eine Formulierung dieses »Zurückkommens« finden Sie in dem Kapitel »Entspannung – wie geht das?«.
Sollte Ihr Kind große Schwierigkeiten mit dem Zurückkommen haben, liegt es häufig daran, dass seine Kraftreserven vollends erschöpft sind, es die Entspannung bitter nötig hat und diese Phase in vollen Zügen genießt. In diesem Fall sollten Sie einfach öfter kleine Pausen zum Entspannen anbieten, in denen Ihr Kind neue Kraft schöpfen kann.

Im Anschluss ist es sehr wichtig, dass Sie Ihrem Kind die Möglichkeit anbieten, über seine Erlebnisse, die Eindrücke und Gefühle, die es während der Entspannungsphase erlebt hat, zu sprechen. Mögliche Fragen zur Aufarbeitung habe ich unter der Überschrift **Lass uns darüber reden** zu den einzelnen Geschichten angegeben. Sie sollten die Fragen jedoch individuell für Ihr Kind formulieren. Nicht alle sind auch schon für Kindergartenkinder geeignet. Wichtig ist, dass Sie Ihr Kind spüren lassen, dass Sie offen und gesprächsbereit sind!

Dennoch, zwingen sollten Sie es nicht. Vielleicht braucht es erst einmal eine Zeit lang, um die Empfindungen »sacken« zu lassen. Manche Kinder malen auch lieber ein Bild zu der Geschichte oder schreiben alles noch einmal mit ihren eigenen Worten auf. Wenn Sie Lust dazu haben, könnte man diese harmonische Phase dazu nutzen, um es sich bei Kerzenschein und Kakao noch eine Weile zusammen gemütlich zu machen, sich zu massieren oder andere Dinge zu besprechen.

Sollten Sie die Geschichten zum Einschlafen nutzen, fällt die Phase des »Zurückkommens« selbstverständlich weg. Denn in dem Fall soll das Kind ja mit Hilfe der Geschichte sanft in den Schlaf gleiten.

Die Autorin

Sabine Seyffert, geboren 1970, ist staatlich anerkannte Erzieherin, Entspannungspädagogin, Psychologische Beraterin und Bachblütentherapeutin sowie Autorin zahlreicher Publikationen. Sie lebt mit ihrer Familie in Wuppertal und ist seit einigen Jahren dort freiberuflich tätig. Außer Entspannungskursen für Kinder, Jugendliche und Erwachsene bietet sie Fortbildungsseminare für PädagogInnen im Bereich der Entspannungsarbeit mit Kindern an.
Seit 1999 führt Sabine Seyffert in Zusammenarbeit mit einer Kollegin eine Ausbildung zum *Entspannungstrainer für Kinder* durch.

Wer Interesse an Veranstaltungen, Fortbildungsseminaren und der Ausbildung zum Entspannungstrainer hat oder wer von seinen Erfahrungen mit diesem Buch berichten möchte, kann sich gerne schriftlich und mit 4,40 DM in Briefmarken als Schutzgebühr an folgende Anschrift wenden:

Praxis für Entspannungspädagogik & Kreativität
Sabine Seyffert
Schlüssel 122
42329 Wuppertal